Ce guide est un cadeau de:

_____

À : _____

Ma prière pour toi est que cette saison t'apporte…

_____

_____

_____

_____

_____

_____

Karl Roussel

12 SEMAINES POUR FAIRE 10X TA FOI & CONTRIBUTION!

Une Saison guidée avec questions, prière et verset **chaque jour** pour Cultiver l'Esprit et l'Action à Travers la Confiance, la Connaissance, et le Service!

1000X
Royaume

1000XPOURLEROYAUME.COM

Mot de l'Auteur : Karl Roussel

Cher lecteur, félicitations pour ta décision de te rapprocher de Dieu et de réaliser ton potentiel !

Je t'explique pourquoi j'ai créé ce guide pour une durée d'une saison. Si Dieu a créé les astres, le Soleil et la Lune, c'est pour établir le temps et les saisons.

Si cela est une création de Dieu et bénéfique pour la nature, cela l'est aussi pour nous, créés à Son image.
J'ai été inspiré par un appel de Dieu pour créer ce guide, et je suis convaincu qu'un de ses buts est de nous donner accès à Sa Parole chaque jour.

Il nous invite à dialoguer avec Lui quotidiennement, offrant ainsi une solution pour prendre le temps pour Dieu dans un monde qui va à toute allure.

Voici donc mes souhaits pour ton parcours :

- Que tu te connectes de plus en plus avec ton potentiel.
- Que tu reconnaisses et valorises les talents que Dieu t'a donnés pour servir les autres.
- Que cela devienne une habitude quotidienne et que tu sois inspiré à poursuivre avec une prochaine saison, ou même à en faire une habitude annuelle.

Mais avant tout, je souhaite…

Que tu entres en plus grande intimité avec Dieu et Jésus, Son fils unique, qui est venu se sacrifier et laver nos péchés avec Son sang.

Que Dieu te bénisse et que tu passes des moments bénis avec Lui, notre Créateur qui nous aime d'un grand amour inconditionnel.

Jean 3:16 :
"Car Dieu a tant aimé le monde qu'il a donné son fils unique, afin que quiconque croit en lui ne périsse point, mais ait la vie éternelle."

Karl Roussel

Comment MAXIMI$€R ce Guide de Prières et de Réflexions

Bienvenue dans ton voyage spirituel de 12 semaines!

1. Commence un Samedi et par la suite chaque Quatrième Samedi : Planification des Quatre Semaines

Pourquoi le Samedi ? : Le guide commence un samedi pour te donner l'opportunité de planifier ton premier bloc de quatre semaines avant même de commencer.

Temps Suggéré : Consacre environ 3 à 10 minutes

Action : Chaque quatre samedi, prends un moment pour planifier tes quatre prochaines semaines.
Cela te permettra de t'immerger pleinement dans les thèmes à venir et de te fixer des objectifs personnels.

2. Chaque Dimanche : Prépare ta Semaine

Temps Suggéré : Consacre environ 3 à 10 minutes

Routine du Dimanche : Utilise chaque dimanche pour planifier la semaine à venir.
Cela te permettra de te concentrer sur les objectifs et les prières pour les jours suivants.

3. Lecture Quotidienne : Matin et Soir

Temps Suggéré : Consacre environ 3 à 10 minutes chaque matin pour lire, prier et répondre aux questions.
Le soir, avant de te coucher, prends un autre moment de 3-5 minutes pour réfléchir sur ta journée.

Routine Quotidienne : Cette pratique régulière est essentielle pour créer un momentum et pour ancrer ces enseignements dans ton quotidien.

4. Section Notes : Réflexion Personnelle

Utilise la Section Notes : Chaque jour, dans la section notes, note tes ressentis après avoir complété tes lectures et prières.

Comment te sens-tu ?

Quels changements observes-tu dans ta vie ?

Écrire pour Réfléchir : Cette étape te permettra de voir ta progression et de prendre conscience des changements dans ta vie spirituelle.

5. Répétition et Consistance

L'Importance de la Répétition : Le but est de répéter ces étapes de saison en saison. Intègre ces pratiques dans ton agenda pour toute l'année, chaque année.

Construire une Habitude : En répétant ces pratiques régulièrement, tu construiras une solide habitude de croissance et de développement spirituel.

Nous te souhaitons un voyage riche et épanouissant avec ce guide.

Que chaque page t'apporte plus près de ta foi, de ta contribution et de ton potentiel.

Publié par: Profit Book Factory™ est une marque de commerce de Oui c'est possible consultant INC.

Première édition 2023

Publié au Canada par Oui c'est possible consultant INC.

ISBN : 9798871687635

https://www.1000XPOURLEROYAUME.COM
Contacter l'auteur: info@karlroussel.com

https://KARLROUSSEL.COM

Table des matières

INTENTION pour ton parcours de 12 semaines avec moi?

Semaine 1-4 (samedi 1):
Fondations de la Foi

Verset: Proverbes 3:5-6 - "Confie-toi en l'Éternel de tout ton cœur, et ne t'appuie pas sur ton intelligence; reconnais-le dans toutes tes voies, et il aplanira tes sentiers."

Question de Réflexion: "Quelle dimension de ma foi je souhaite approfondir durant ces quatre semaines?"

_____

_____

Question à Dieu: "Quelle guidance ou réponse j'espère recevoir de Dieu pendant ce temps?"

_____

_____

Prière de Gratitude: "Seigneur, je Te remercie d'avoir déjà répondu à mes questions et guidé mes pas selon mon intention. Je suis ouvert(e) à Tes voies miraculeuses et surprenantes. Amen."

Notes pour ton prochain 4 semaines:

_____

_____

Semaine 1 (premier dimanche): Confiance en Dieu

Verset: Psaume 37:5-6 : "Remets ta vie à l'Éternel, compte sur lui, et il agira. Il fera paraître ta justice comme la lumière, et ton droit comme le plein midi."

Question de Réflexion: "Comment puis-je manifester ma confiance en Dieu cette semaine ?"

_____

_____

Question à Dieu: "Sur quel aspect de ma vie ai-je besoin de plus de clarté ou de confiance en Ta volonté ?"

_____

_____

Prière de Gratitude: "Merci, Père, de clarifier mon chemin et de renforcer ma confiance en Toi. Je suis reconnaissant(e) pour Ta fidélité et Ta guidance. Amen."

Notes pour ta semaine:

_____

_____

Tu aimes les cadeaux? _Moi aussi, je t'ai préparé des bonus et un MEGA cadeau que je te dévoile à la fin de ton 12 semaines._

Là je t'invite à prendre tes bonus au 1000XPOURLEROYAUME.COM/10Xfoi-contribution-bonus

Dimanche - Direction et Espérance

Verset: Psaume 143:8 - "Fais-moi entendre dès le matin Ta bonté, Car je me confie en Toi; Fais-moi connaître le chemin où je dois marcher, Car j'élève mon âme vers Toi."

MERCI DIEU DE ME LAISSER UNE AUTRE JOURNÉE!

Prière: "Seigneur, en ce nouveau jour, je cherche Ta bonté et Ta direction. Montre-moi le chemin que je dois suivre, car mon âme s'élève vers Toi dans la confiance et l'espérance. Éclaire mes décisions et mes actions avec Ta sagesse. Amen."

Question de Réflexion: "Comment puis-je ouvrir mon cœur à la direction de Dieu dès ce matin ?"

_____

_____

AVANT D'ALLER AU LIT!

Revue du Soir: "Comment ai-je ressenti la direction et la bonté de Dieu aujourd'hui ?"

_____

_____

Remerciement: "Merci, Père, pour Ta guidance aimante et Ta bonté chaque jour."

Notes de la Journée/Demain:

_____

_____

Lundi - Force et Confiance

Verset: Psaume 28:7 - "L'Éternel est ma force et mon bouclier; En lui s'est confié mon cœur, et j'ai été secouru; Mon cœur exulte, et je le célèbre par mes chants."

MERCI DIEU DE ME LAISSER UNE AUTRE JOURNÉE!

Prière: "Père aimant, Tu es ma force et mon bouclier. Aujourd'hui, je place toute ma confiance en Toi, sachant que Tu me secourras. Remplis mon cœur de joie et guide mes pas dans la célébration de Ta bonté. Amen."

Question de Réflexion: "De quelle manière puis-je chercher la force de Dieu dans mes défis aujourd'hui ?"

_____

_____

AVANT D'ALLER AU LIT!

Revue du Soir: "Comment ai-je expérimenté la force et le soutien de Dieu aujourd'hui ?"

_____

_____

Remerciement: "Merci, Seigneur, pour Ta force et Ta présence dans ma vie aujourd'hui."

Notes de la Journée/Demain:

_____

_____

Mardi - Bénis dans la Confiance

Verset: Jérémie 17:7-8 - "Béni est l'homme qui se confie en l'Éternel, Dont l'Éternel est l'espérance. Il est comme un arbre planté près des eaux, Qui étend ses racines vers le courant; Il ne voit pas venir la chaleur, Son feuillage reste vert; Dans l'année de la sécheresse, il n'a pas de soucis, Et il ne cesse de porter du fruit."

MERCI DIEU DE ME LAISSER UNE AUTRE JOURNÉE!

Prière: "Seigneur, je désire être comme l'arbre planté près des eaux, florissant en toute saison grâce à ma confiance en Toi. Aide-moi à rester ferme et fructueux, même dans les moments difficiles, en m'appuyant toujours sur Toi. Amen."

Question de Réflexion: "Comment puis-je cultiver une confiance profonde en Dieu dans ma vie quotidienne ?"

_____

_____

AVANT D'ALLER AU LIT!

Revue du Soir: "Où ai-je vu les bénédictions de la confiance en Dieu aujourd'hui ?"

_____

_____

Remerciement: "Merci, Père, pour la paix et la stabilité que Ta confiance m'apporte."

Notes de la Journée/Demain:

_____

Mercredi - Remise et Foi

Verset: Psaume 37:5 - "Recommande ton sort à l'Éternel, mets en lui ta confiance, et il agira."

MERCI DIEU DE ME LAISSER UNE AUTRE JOURNÉE!

Prière: "Père céleste, je Te confie ma vie, mes espoirs et mes inquiétudes. J'ai foi en Ta providence et Ta capacité d'agir en ma faveur. Guide mes pas et ouvre les voies devant moi, selon Ta volonté parfaite. Amen."

Question de Réflexion: "Quels aspects de ma vie dois-je remettre à Dieu aujourd'hui ?"

_____

_____

AVANT D'ALLER AU LIT!

Revue du Soir: "Comment ai-je ressenti l'action de Dieu dans ma vie aujourd'hui ?"

_____

_____

Remerciement: "Merci, Seigneur, pour Ton action et Ta présence rassurante dans ma vie."

Notes de la Journée/Demain:

_____

_____

Jeudi - Consacrer ses Actions

Verset: Proverbes 16:3 - "Recommande à l'Éternel tes œuvres, Et tes projets réussiront."

MERCI DIEU DE ME LAISSER UNE AUTRE JOURNÉE!

Prière: "Seigneur, je place mes projets et mes efforts entre Tes mains. Conduis-moi dans la réalisation de mes plans, en alignant mes actions avec Ta volonté. Que chaque étape que je prends soit bénie et fructueuse sous Ta guidance. Amen."

Question de Réflexion: "Comment puis-je aligner mes actions et projets avec la volonté de Dieu ?"

_____

_____

AVANT D'ALLER AU LIT!

Revue du Soir: "Où ai-je vu Dieu guider mes actions et mes projets aujourd'hui ?"

_____

_____

Remerciement: "Merci, Père, pour la réussite et la direction que Tu apportes dans mes œuvres."

Notes de la Journée/Demain:

_____

_____

Vendredi - Refuge et Confiance

Verset: Psaume 62:8 - "Confiez-vous en lui en tout temps, peuple; Épanchez votre cœur devant lui; Dieu est notre refuge."

MERCI DIEU DE ME LAISSER UNE AUTRE JOURNÉE!

Prière: "Seigneur, Tu es mon refuge et ma force. En ce jour, je m'épanche devant Toi, partageant mes joies, mes peurs et mes espoirs. Je trouve paix et réconfort en Ta présence, sachant que Tu es toujours là pour moi. Amen."

Question de Réflexion: "Comment puis-je trouver du réconfort et de la paix en Dieu aujourd'hui ?"

_____

_____

AVANT D'ALLER AU LIT!

Revue du Soir: "Comment ai-je expérimenté Dieu comme mon refuge aujourd'hui ?"

_____

_____

Remerciement: "Merci, Seigneur, pour être mon refuge sûr et mon écoute attentive."

Notes de la Journée/Demain:

_____

_____

Samedi - Protection et Foi

Verset: Psaume 91:2 - "Je dis à l'Éternel: Mon refuge et ma forteresse, Mon Dieu en qui je me confie!"

MERCI DIEU DE ME LAISSER UNE AUTRE JOURNÉE!

Prière: "Père céleste, Tu es ma forteresse et mon refuge. En Toi, je place ma confiance totale. Protège-moi et guide-moi à travers les défis de cette journée. Que je repose en sécurité sous Ta garde bienveillante. Amen."

Question de Réflexion: "De quelle manière puis-je vivre aujourd'hui en pleine confiance en la protection de Dieu ?"

_____

_____

AVANT D'ALLER AU LIT!

Revue du Soir: "Où ai-je ressenti la protection et la sécurité de Dieu aujourd'hui ?"

_____

_____

Remerciement: "Merci, Seigneur, pour Ta protection constante et Ton amour infaillible."

Notes de la Journée/Demain:

_____

_____

Semaine 2 (dimanche 2): Sagesse Divine

Verset: Jacques 1:5 - "Si quelqu'un d'entre vous manque de sagesse, qu'il la demande à Dieu, qui donne à tous simplement et sans reproche, et elle lui sera donnée."

Question de Réflexion: "Dans quel domaine de ma vie ai-je besoin de la sagesse divine cette semaine ?"

_____

_____

Question à Dieu: "Quelle sagesse spécifique cherche-je à obtenir de Dieu durant cette semaine ?"

_____

_____

Prière de Gratitude: "Père, je Te remercie pour la sagesse que Tu verses généreusement dans ma vie. Je suis prêt(e) à recevoir Ta guidance et Ton éclairage. Amen."

Notes pour ta semaine:

_____

_____

PS: je ne sais pas si tu avais vu mon livre qui pourrait t'intéresser "Pourquoi 1000X est plus facile que 10X & SIMPLE que 2X!" Version française et anglaise sur AMAZON!

Dimanche - Fondement de la Sagesse

Verset: Psaume 111:10 - "La crainte de l'Éternel est le commencement de la sagesse; Tous ceux qui l'observent ont une raison saine. Sa louange subsiste à jamais."

MERCI DIEU DE ME LAISSER UNE AUTRE JOURNÉE!

Prière: "Seigneur, je reconnais que Te craindre est le fondement de toute sagesse. Aide-moi à vivre dans le respect et la révérence de Toi. Que ma vie soit un témoignage de Ta grandeur et de Ta puissance, et que je demeure toujours dans la voie de la sagesse. Amen."

Question de Réflexion: "Comment la crainte de l'Éternel peut-elle m'orienter vers une sagesse plus profonde ?"

_____

_____

AVANT D'ALLER AU LIT!

Revue du Soir: "Comment ai-je expérimenté la sagesse venant de la crainte de l'Éternel aujourd'hui ?"

_____

_____

Remerciement: "Merci, Père, pour la sagesse qui vient de Te craindre et Te respecter."

Notes de la Journée/Demain:

_____

_____

Lundi - Source de la Sagesse

Verset: Proverbes 2:6 - "Car l'Éternel donne la sagesse; De sa bouche sortent la connaissance et l'intelligence."

MERCI DIEU DE ME LAISSER UNE AUTRE JOURNÉE!

Prière: "Seigneur, je reconnais que toute sagesse vient de Toi. Aujourd'hui, je demande Ta connaissance et Ton intelligence pour guider mes décisions et mes actions. Que je sois un reflet de Ta sagesse dans ce monde. Amen."

Question de Réflexion: "Comment puis-je chercher activement la sagesse de Dieu aujourd'hui ?"

_____

_____

AVANT D'ALLER AU LIT!

Revue du Soir: "Comment ai-je vu la sagesse de Dieu se manifester dans ma vie aujourd'hui ?"

_____

_____

Remerciement: "Merci, Dieu, pour la sagesse que Tu dispenses librement."

Notes de la Journée/Demain:

_____

_____

Mardi - Richesses de la Sagesse

Verset: Colossiens 2:2-3 - "Afin que leurs cœurs soient consolés, étant unis dans l'amour, pour posséder toutes les richesses d'une pleine intelligence, pour connaître le mystère de Dieu, le Christ, en qui sont cachés tous les trésors de la sagesse et de la connaissance."

MERCI DIEU DE ME LAISSER UNE AUTRE JOURNÉE!

Prière: "Père céleste, je prie pour que mon cœur soit consolé et uni dans Ton amour. Aide-moi à comprendre les richesses de la sagesse et de la connaissance qui se trouvent en Christ. Que je découvre les profondeurs de Ton mystère et de Ta vérité. Amen."

Question de Réflexion: "Comment la sagesse et la connaissance en Christ peuvent-elles m'inspirer aujourd'hui ?"

_____

_____

AVANT D'ALLER AU LIT!

Revue du Soir: "Où ai-je ressenti l'inspiration et la consolation de Christ aujourd'hui ?"

_____

_____

Remerciement: "Merci, Seigneur, pour les trésors de sagesse et de connaissance en Toi."

Notes de la Journée/Demain:

_____

_____

Mercredi - Conseils et Sagesse

Verset: Proverbes 19:20 - "Écoute les conseils et accepte l'instruction, Afin que tu sois sage dans la suite de ta vie."

MERCI DIEU DE ME LAISSER UNE AUTRE JOURNÉE!

Prière: "Seigneur, je m'engage à écouter attentivement les conseils et à accepter l'instruction. Guide-moi vers les sources de sagesse qui enrichiront ma vie. Que je grandisse en compréhension et en discernement à chaque étape. Amen."

Question de Réflexion: "Quels conseils ou instructions dois-je chercher ou suivre aujourd'hui ?"

_____

_____

AVANT D'ALLER AU LIT!

Revue du Soir: "Comment ai-je appliqué la sagesse reçue aujourd'hui ?"

_____

_____

Remerciement: "Merci, Père, pour les conseils et instructions qui mènent à la sagesse."

Notes de la Journée/Demain:

_____

_____

Jeudi - Esprit de Sagesse

Verset: Éphésiens 1:17 - "Afin que le Dieu de notre Seigneur Jésus-Christ, le Père de gloire, vous donne un esprit de sagesse et de révélation dans sa connaissance."

MERCI DIEU DE ME LAISSER UNE AUTRE JOURNÉE!

Prière: "Père de gloire, je Te demande humblement de me donner un esprit de sagesse et de révélation. Ouvre les yeux de mon cœur pour comprendre pleinement Ta volonté et Ta vérité. Que je grandisse dans la connaissance de Toi et de Ton amour. Amen."

Question de Réflexion: "Comment puis-je ouvrir mon cœur à l'esprit de sagesse et de révélation aujourd'hui ?"

_____

_____

AVANT D'ALLER AU LIT!

Revue du Soir: "Qu'ai-je appris de nouveau sur Dieu et Sa volonté aujourd'hui ?"

_____

_____

Remerciement: "Merci, Seigneur, pour l'esprit de sagesse et la révélation que Tu m'offres."

Notes de la Journée/Demain:

_____

_____

Vendredi - Priorité à la Sagesse

Verset: Proverbes 4:7 - "La sagesse est la chose principale; acquiers la sagesse, Et avec tout ce que tu possèdes acquiers l'intelligence."

MERCI DIEU DE ME LAISSER UNE AUTRE JOURNÉE!

Prière: "Seigneur, je reconnais que la sagesse est la chose la plus précieuse. Aide-moi à la rechercher et à la valoriser au-dessus de tout. Que je cultive l'intelligence et la compréhension en m'appuyant sur Ta parole et Ton enseignement. Amen."

Question de Réflexion: "Comment puis-je faire de l'acquisition de la sagesse une priorité aujourd'hui ?"

_____

_____

AVANT D'ALLER AU LIT!

Revue du Soir: "De quelle manière ai-je cherché et valorisé la sagesse aujourd'hui ?"

_____

_____

Remerciement: "Merci, Dieu, pour la richesse inestimable de la sagesse."

Notes de la Journée/Demain:

_____

_____

Samedi - Sagesse d'En Haut

Verset: Jacques 3:17 - "Mais la sagesse d'en haut est premièrement pure, ensuite pacifique, modérée, conciliante, pleine de miséricorde et de bons fruits, sans partialité ni hypocrisie."

MERCI DIEU DE ME LAISSER UNE AUTRE JOURNÉE!

Prière: "Père céleste, je désire la sagesse qui vient de Toi, pure et pacifique. Remplis mon cœur de Ta sagesse, que mes actions soient modérées, conciliantes et pleines de miséricorde. Que ma vie reflète les bons fruits de Ta sagesse divine. Amen."

Question de Réflexion: "Comment puis-je manifester la sagesse divine dans mes interactions aujourd'hui ?"

_____

_____

AVANT D'ALLER AU LIT!

Revue du Soir: "Comment ai-je appliqué la sagesse d'en haut dans ma vie aujourd'hui ?"

_____

_____

Remerciement: "Merci, Seigneur, pour la pureté et la paix de Ta sagesse."

Notes de la Journée/Demain:

_____

_____

Semaine 3 (dimanche 3): Grâce et Bénédiction

Verset: 2 Corinthiens 9:8 - "Et Dieu peut vous combler de toute grâce, afin que, possédant toujours en toutes choses de quoi satisfaire à vos besoins, vous abondiez pour toute bonne œuvre."

Question de Réflexion: "Quelles grâces et bénédictions espère-je recevoir et reconnaître cette semaine ?"

_____

_____

Question à Dieu: "Quelle bénédiction particulière aimerais-je demander à Dieu pendant cette semaine ?"

_____

_____

Prière de Gratitude: "Père, je Te remercie pour les abondantes grâces et bénédictions que Tu as préparées pour moi. Je suis ouvert(e) et reconnaissant(e) pour Ta générosité. Amen."

Notes pour ta semaine:

_____

_____

Tu aimes les cadeaux? _Moi aussi, je t'ai préparé des bonus et un MEGA cadeau que je te dévoile à la fin de ton 12 semaines._

Là je t'invite à prendre tes bonus au 1000XPOURLEROYAUME.COM/10Xfoi-contribution-bonus

Dimanche - Bénédiction de l'Œuvre

Verset: Psaume 90:17 - "Que la grâce de l'Éternel, notre Dieu, soit sur nous! Affermis l'œuvre de nos mains; oui, affermis l'œuvre de nos mains!"

MERCI DIEU DE ME LAISSER UNE AUTRE JOURNÉE!

Prière: "Père céleste, que Ta grâce soit sur moi et sur tout ce que j'entreprends. Affermis l'œuvre de mes mains, afin que mes actions et mes efforts reflètent Ta bonté et contribuent à Ton royaume. Que chaque jour soit un témoignage de Ta fidélité. Amen."

Question de Réflexion: "Comment puis-je collaborer avec Dieu pour affermir l'œuvre de mes mains ?"

_____

_____

AVANT D'ALLER AU LIT!

Revue du Soir: "Comment ai-je vu l'œuvre de mes mains être bénie et affermie par Dieu aujourd'hui ?"

_____

_____

Remerciement: "Merci, Seigneur, pour Ta main qui guide et fortifie mon travail."

Notes de la Journée/Demain:

_____

_____

Lundi - Don de la Grâce

Verset: Éphésiens 2:8 - "Car c'est par grâce que vous êtes sauvés, par le moyen de la foi. Et cela ne vient pas de vous, c'est le don de Dieu."

MERCI DIEU DE ME LAISSER UNE AUTRE JOURNÉE!

Prière: "Seigneur, je suis profondément reconnaissant pour le don immérité de Ta grâce qui me sauve. Aide-moi à vivre dans la pleine reconnaissance de ce cadeau, en me reposant dans la foi et la confiance en Toi. Amen."

Question de Réflexion: "Comment puis-je exprimer ma gratitude pour le don de la grâce aujourd'hui ?"

_____

_____

AVANT D'ALLER AU LIT!

Revue du Soir: "Comment ai-je expérimenté la grâce salvatrice de Dieu aujourd'hui ?"

_____

_____

Remerciement: "Merci, Dieu, pour Ton incroyable don de grâce."

Notes de la Journée/Demain:

_____

_____

Mardi - Providence et Soin

Verset: Psaume 23:1 - "L'Éternel est mon berger: je ne manquerai de rien."

MERCI DIEU DE ME LAISSER UNE AUTRE JOURNÉE!

Prière: "Père aimant, Tu es mon berger et sous Ta garde, je ne manque de rien. Je me confie en Ta providence et en Ton soin pour toutes mes nécessités. Que je repose dans la paix, sachant que Tu pourvois à mes besoins. Amen."

Question de Réflexion: "Comment puis-je me reposer dans la providence de Dieu aujourd'hui ?"

_____

_____

AVANT D'ALLER AU LIT!

Revue du Soir: "Où ai-je vu la main providentielle de Dieu dans ma vie aujourd'hui ?"

_____

_____

Remerciement: "Merci, Seigneur, pour Ta providence constante et Ton soin."

Notes de la Journée/Demain:

_____

_____

Mercredi - Confort dans le Deuil

Verset: Matthieu 5:4 - "Heureux ceux qui pleurent, car ils seront consolés."

MERCI DIEU DE ME LAISSER UNE AUTRE JOURNÉE!

Prière: "Seigneur, dans mes moments de tristesse et de deuil, je me tourne vers Toi pour le réconfort. Remplis mon cœur de Ta consolation et de Ton amour. Que je trouve la paix et l'espoir dans Tes bras accueillants. Amen."

Question de Réflexion: "Comment puis-je chercher le réconfort de Dieu dans mes moments difficiles ?"

_____

_____

AVANT D'ALLER AU LIT!

Revue du Soir: "Comment ai-je ressenti la consolation de Dieu dans mes moments de tristesse ?"

_____

_____

Remerciement: "Merci, Dieu, pour la bénédiction de Ton réconfort et Ta consolation."

Notes de la Journée/Demain:

_____

_____

Jeudi - Bénédiction et Faveur

Verset: Psaume 84:11 - "Car l'Éternel Dieu est un soleil et un bouclier; L'Éternel donne la grâce et la gloire; Il ne refuse aucun bien à ceux qui marchent dans l'intégrité."

MERCI DIEU DE ME LAISSER UNE AUTRE JOURNÉE!

Prière: "Père, Tu es mon soleil et mon bouclier. Je Te remercie pour les grâces et les bénédictions que Tu verses dans ma vie. Aide-moi à marcher dans l'intégrité pour que je puisse recevoir tous les biens que Tu as en réserve pour moi. Amen."

Question de Réflexion: "De quelle manière puis-je marcher dans l'intégrité pour recevoir les bénédictions de Dieu ?"

_____

_____

AVANT D'ALLER AU LIT!

Revue du Soir: "Où ai-je vu la grâce et la faveur de Dieu se manifester aujourd'hui ?"

_____

_____

Remerciement: "Merci, Seigneur, pour Ta grâce et Ta faveur dans ma vie."

Notes de la Journée/Demain:

_____

_____

Vendredi - Abondance de Bénédictions

Verset: Psaume 67:7 - "Dieu nous bénit, Afin que toutes les extrémités de la terre le craignent."

MERCI DIEU DE ME LAISSER UNE AUTRE JOURNÉE!

Prière: "Seigneur, je Te remercie pour les abondantes bénédictions que Tu répands sur ma vie. Que Ta générosité me guide à vivre dans la crainte et l'adoration de Toi, et que Ta bonté soit connue à travers moi dans le monde. Amen."

Question de Réflexion: "Comment puis-je refléter l'abondance des bénédictions de Dieu dans ma vie ?"

_____

_____

AVANT D'ALLER AU LIT!

Revue du Soir: "De quelle manière ai-je partagé et célébré les bénédictions de Dieu aujourd'hui ?"

_____

_____

Remerciement: "Merci, Père, pour Ta générosité sans limite et Ta grâce dans ma vie."

Notes de la Journée/Demain:

_____

_____

Samedi - Bénédiction Sacerdotale

Verset: Nombres 6:24-26 - "L'Éternel te bénisse, et te garde! L'Éternel fasse luire sa face sur toi, et t'accorde sa grâce! L'Éternel tourne sa face vers toi, et te donne la paix!"

MERCI DIEU DE ME LAISSER UNE AUTRE JOURNÉE!

Prière: "Dieu Tout-Puissant, je reçois avec reconnaissance Ta bénédiction sacerdotale. Que Ta paix, Ta grâce et Ta protection soient sur moi et autour de moi. Que Ta lumière brille dans ma vie, apportant harmonie et bien-être. Amen."

Question de Réflexion: "Comment puis-je être un canal de la bénédiction et de la paix de Dieu ?"

_____

_____

AVANT D'ALLER AU LIT!

Revue du Soir: "Où ai-je ressenti ou partagé la paix et la grâce de Dieu aujourd'hui ?"

_____

_____

Remerciement: "Merci, Seigneur, pour Ta bénédiction et Ta paix qui surpassent toute compréhension."

Notes de la Journée/Demain:

_____

_____

Semaine 4 (dimanche 4) : Foi et Action

Verset: Jacques 2:17 - "De même aussi la foi, si elle n'a pas les œuvres, est morte en elle-même."

Question de Réflexion: "Quelles actions puis-je entreprendre cette semaine pour manifester ma foi ?"

_____

_____

Question à Dieu: "Quelles opportunités d'action fidèle me révéleras-tu cette semaine ?"

_____

_____

Prière de Gratitude: "Père, je Te remercie pour la foi vivante que Tu nourris en moi et pour les occasions d'agir selon Ta volonté. Que mes actions reflètent ma foi en Toi. Amen."

Notes pour ta semaine:

_____

_____

PS: je ne sais pas si tu avais vu mon livre qui pourrait t'intéresser Pourquoi 1000X est plus facile que 10X & SIMPLE que 2X!

Version française et anglaise sur AMAZON!

LAISSE tes amis
scanner ceci

Dimanche - Nécessité de la Foi

Verset: Hébreux 11:6 - "Or sans la foi il est impossible de lui être agréable; car il faut que celui qui s'approche de Dieu croie que Dieu existe, et qu'il est le rémunérateur de ceux qui le cherchent."

MERCI DIEU DE ME LAISSER UNE AUTRE JOURNÉE!

Prière: "Père éternel, je crois en Ta présence et en Ta récompense pour ceux qui Te cherchent. Renforce ma foi pour que je puisse toujours T'être agréable et Te suivre de tout mon cœur. Que ma recherche de Toi soit sincère et persévérante. Amen."

Question de Réflexion: "Comment puis-je chercher Dieu avec une foi sincère et persévérante aujourd'hui ?"

_____

_____

AVANT D'ALLER AU LIT!

Revue du Soir: "Comment ma foi m'a-t-elle rapproché de Dieu aujourd'hui ?"

_____

_____

Remerciement: "Merci, Seigneur, pour la promesse de Ta présence et de Ta récompense pour ma foi."

Notes de la Journée/Demain:

_____

_____

Lundi - Foi qui Déplace les Montagnes

Verset: Matthieu 17:20 - "Si vous avez de la foi comme un grain de moutarde, vous direz à cette montagne: 'Transporte-toi d'ici là', et elle se transportera; rien ne vous sera impossible."

MERCI DIEU DE ME LAISSER UNE AUTRE JOURNÉE!

Prière: "Seigneur, donne-moi une foi aussi petite qu'un grain de moutarde pour voir l'impossible devenir possible. Aide-moi à avoir confiance en Ta puissance et à agir avec assurance, sachant que Tu es avec moi. Amen."

Question de Réflexion: "Quel 'montagne' puis-je aborder avec foi aujourd'hui ?"

_____

_____

AVANT D'ALLER AU LIT!

Revue du Soir: "Comment ai-je utilisé ma foi pour faire face aux défis d'aujourd'hui ?"

_____

_____

Remerciement: "Merci, Père, pour la force que ma foi en Toi m'apporte."

Notes de la Journée/Demain:

_____

_____

Mardi - Marcher par la Foi

Verset: 2 Corinthiens 5:7 - "Car nous marchons par la foi, non par la vue."

MERCI DIEU DE ME LAISSER UNE AUTRE JOURNÉE!

Prière: "Dieu Tout-Puissant, aide-moi à marcher par la foi et non par ce que je vois. Que ma confiance en Toi guide mes pas chaque jour. Même dans l'incertitude, que je sois assuré de Ta présence et de Ton plan. Amen."

Question de Réflexion: "Comment puis-je pratiquer une foi active dans ma vie quotidienne ?"

_____

_____

AVANT D'ALLER AU LIT!

Revue du Soir: "Dans quels moments ai-je choisi de marcher par la foi plutôt que par la vue ?"

_____

_____

Remerciement: "Merci, Seigneur, pour la clarté et la direction que la foi m'apporte."

Notes de la Journée/Demain:

_____

_____

Mercredi - Foi Agissant par l'Amour

Verset: Galates 5:6 - "Car en Jésus-Christ ni la circoncision ni l'incirconcision n'ont de valeur, mais la foi qui agit par l'amour."

MERCI DIEU DE ME LAISSER UNE AUTRE JOURNÉE!

Prière: "Père, que ma foi soit toujours active dans l'amour. Que mes actions reflètent Ta compassion et Ta grâce. Dans mes relations et mes engagements, que l'amour soit le moteur de ma foi. Amen."

Question de Réflexion: "Comment puis-je manifester l'amour dans mes actions de foi aujourd'hui ?"

_____

_____

AVANT D'ALLER AU LIT!

Revue du Soir: "Comment ai-je témoigné de la foi par l'amour dans ma journée ?"

_____

_____

Remerciement: "Merci, Dieu, pour la capacité de vivre une foi active à travers l'amour."

Notes de la Journée/Demain:

_____

_____

Jeudi - Foi et Prière

Verset: Marc 11:22-24 - "Jésus prit la parole, et leur dit: 'Ayez foi en Dieu. Je vous le dis en vérité, si quelqu'un dit à cette montagne: Ôte-toi de là et jette-toi dans la mer, et s'il ne doute pas en son cœur, mais croit que ce qu'il dit arrive, il le verra s'accomplir. C'est pourquoi je vous dis: Tout ce que vous demanderez en priant, croyez que vous l'avez reçu, et vous le verrez s'accomplir.'"

MERCI DIEU DE ME LAISSER UNE AUTRE JOURNÉE!

Prière: "Seigneur, fortifie ma foi pour que mes prières soient empreintes de confiance totale en Toi. Aide-moi à croire fermement que Tu es capable de réaliser l'impossible. Que mes paroles et actions reflètent cette foi inébranlable. Amen."

Question de Réflexion: "Comment ma prière d'aujourd'hui peut-elle refléter une foi sans faille ?"

_____

_____

AVANT D'ALLER AU LIT!

Revue du Soir: "Comment ma foi a-t-elle influencé mes prières et mes actions aujourd'hui ?"

_____

_____

Remerciement: "Merci, Père, pour la puissance de la prière et la certitude de la foi."

Notes de la Journée/Demain:

_____

Connais-tu quelqu'un avec un potentiel non exploité et des talents donnés par Dieu?

Ce livre pourrait être la clé pour débloquer leurs véritables capacités.

_____

_____

_____

_____

_____

_____

https://1000xpourleroyaume.com/12-semaines-10xfoi-et-contribution

Partage-le avec eux et aide à illuminer le chemin vers leur croissance spirituelle et personnelle.

Vendredi - Substance de la Foi

Verset: Hébreux 11:1 - "Or la foi est une ferme assurance des choses qu'on espère, une démonstration de celles qu'on ne voit pas."

MERCI DIEU DE ME LAISSER UNE AUTRE JOURNÉE!

Prière: "Père céleste, que ma foi soit la ferme assurance de mes espérances, la preuve de l'invisible. Aide-moi à demeurer constant dans la foi, même quand les circonstances semblent incertaines. Que ma vie soit un témoignage vivant de cette assurance. Amen."

Question de Réflexion: "Comment puis-je vivre aujourd'hui avec une assurance ferme dans ce que j'espère ?"

_____

_____

AVANT D'ALLER AU LIT!

Revue du Soir: "Dans quels moments ai-je ressenti la force de ma foi aujourd'hui ?"

_____

_____

Remerciement: "Merci, Seigneur, pour la ferme assurance que la foi m'apporte."

Notes de la Journée/Demain:

_____

_____

Samedi - Foi par les Actes

Verset: 1 Jean 3:18 - "Petits enfants, n'aimons pas en paroles ni avec la langue, mais en actes et en vérité."

MERCI DIEU DE ME LAISSER UNE AUTRE JOURNÉE!

Prière: "Seigneur, aide-moi à vivre ma foi non seulement en paroles, mais par des actes concrets et sincères. Que mon amour pour Toi et pour mon prochain se manifeste dans mes actions quotidiennes, témoignant de Ta vérité et de Ta grâce. Amen."

Question de Réflexion: "Quelles actions concrètes puis-je entreprendre aujourd'hui pour manifester ma foi ?"

_____

_____

AVANT D'ALLER AU LIT!

Revue du Soir: "Comment mes actions d'aujourd'hui ont-elles été un reflet de ma foi ?"

_____

_____

Remerciement: "Merci, Dieu, pour l'opportunité de vivre ma foi par des actes d'amour et de vérité."

Notes de la Journée/Demain:

_____

_____

Semaine 5-8 (samedi 5): Vision et Objectifs

Verset: Proverbes 29:18 - "Lorsqu'il n'y a pas de vision, le peuple périt; Heureux celui qui garde la loi!"

Question de Réflexion: "Quelle vision claire aimerais-je développer pour ma vie au cours de ces quatre prochaines semaines ?"

_____

_____

Question à Dieu: "Quelle guidance spécifique recherche-je de Dieu pour éclaircir ma vision et mes objectifs ?"

_____

_____

Prière de Gratitude: "Seigneur, merci d'avance pour la clarté et la direction que Tu m'apporteras, pour m'aider à affiner ma vision et atteindre mes objectifs. J'ai foi en Ta guidance. Amen."

Quel est ta plus grande réalisation durant les 4 dernières semaines? (je t'invite à la partager sur les médias sociaux en me taguant @KarlRoussel)

_____

_____

Notes pour les prochains 4 semaines:

_____

_____

Semaine 5 (dimanche 5) : Vision claire

Verset: Jérémie 29:11 : "Car je connais les projets que j'ai formés sur vous, dit l'Éternel, projets de paix et non de malheur, afin de vous donner un avenir et de l'espérance."

Question de Réflexion: "Comment puis-je appliquer ma vision claire dans mes actions quotidiennes cette semaine ?"

_____

_____

Question à Dieu: "Quels pas concrets puis-je prendre cette semaine pour avancer vers la réalisation de ma vision ?"

_____

_____

Prière de Gratitude: "Père, je Te remercie pour la sagesse et l'éclairage que Tu m'offres pour réaliser ma vision. Guide-moi à chaque étape de ce chemin. Amen."

Notes de la semaine à venir:

_____

_____

PS: je ne sais pas si tu avais vu mon livre qui pourrait t'intéresser "Pourquoi 1000X est plus facile que 10X & SIMPLE que 2X!" Version française et anglaise sur AMAZON!

Dimanche - Guidés par le Seigneur

Verset: Psaume 37:23-24 - "L'Éternel affermit les pas de l'homme, Et il prend plaisir à sa voie; S'il tombe, il n'est pas terrassé, Car l'Éternel lui prend la main."

MERCI DIEU DE ME LAISSER UNE AUTRE JOURNÉE!

Prière: "Seigneur, je suis reconnaissant que Tu affermisses mes pas et que Tu te réjouisses de mon chemin. Dans ma quête de vision claire, soutiens-moi dans chaque défi. Même si je trébuche, je sais que Tu es là pour me relever. Guide-moi toujours dans Ta voie. Amen."

Question de Réflexion/Collaboration avec Dieu: "Comment puis-je rester attentif à la direction et au soutien de Dieu dans la poursuite de ma vision ?"

_____

_____

AVANT D'ALLER AU LIT!

Revue du Soir: "Comment ai-je ressenti le soutien de Dieu dans mes moments d'incertitude ou de difficulté aujourd'hui ?"

_____

_____

Remerciement: "Merci, Père, pour Ta main bienveillante qui me soutient et me guide."

Notes de la journée ou pour demain:

_____

_____

Lundi - *Écrire la Vision*

Verset: Habakuk 2:2 - "L'Éternel m'a répondu, et a dit: Écris la vision, et grave-la sur des tablettes, afin que celui qui la lit puisse courir."

MERCI DIEU DE ME LAISSER UNE AUTRE JOURNÉE!

Prière: "Seigneur, inspire-moi à écrire clairement la vision que Tu as placée dans mon cœur. Que je puisse la partager avec conviction et enthousiasme, motivant moi-même et les autres à agir avec foi et détermination. Amen."

Question de Réflexion/Collaboration avec Dieu: "Comment puis-je concrétiser et communiquer ma vision aujourd'hui ?"

_____

_____

AVANT D'ALLER AU LIT!

Revue du Soir: "Comment ai-je partagé ou travaillé sur ma vision aujourd'hui ?"

_____

_____

Remerciement: "Merci, Père, pour la clarté de la vision que Tu m'as donnée."

Notes de la journée ou pour demain:

_____

_____

Mardi - Éclairage de l'Esprit

Verset: Éphésiens 1:18 - "Qu'il illumine les yeux de votre cœur, pour que vous sachiez quelle est l'espérance qui s'attache à son appel, quelles sont les richesses de la gloire de son héritage parmi les saints."

MERCI DIEU DE ME LAISSER UNE AUTRE JOURNÉE!

Prière: "Seigneur, éclaire les yeux de mon cœur par Ton Esprit. Aide-moi à comprendre pleinement l'espérance et la richesse de Ton appel. Que ma vision soit alignée sur Ta volonté et que je discerne clairement mon chemin. Amen."

Question de Réflexion/Collaboration avec Dieu: "Comment l'éclairage spirituel peut-il influencer ma vision aujourd'hui ?"

_____

_____

AVANT D'ALLER AU LIT!

Revue du Soir: "Dans quels domaines ai-je ressenti l'éclairage et la guidance de l'Esprit aujourd'hui ?"

_____

_____

Remerciement: "Merci, Dieu, pour l'illumination spirituelle que Tu apportes à ma vie."

Notes de la journée ou pour demain:

_____

_____

Mercredi - Coopération avec Dieu

Verset: Proverbes 16:9 - "Le cœur de l'homme médite sa voie, Mais c'est l'Éternel qui dirige ses pas."

MERCI DIEU DE ME LAISSER UNE AUTRE JOURNÉE!

Prière: "Père, alors que je planifie ma route, je Te confie la direction de mes pas. Aide-moi à coopérer avec Tes plans parfaits, sachant que Tu me conduis vers le meilleur chemin. Que ma vision soit en harmonie avec Ta volonté. Amen."

Question de Réflexion/Collaboration avec Dieu: "De quelle manière puis-je aligner mes plans avec la direction de Dieu aujourd'hui ?"

_____

_____

AVANT D'ALLER AU LIT!

Revue du Soir: "Comment ai-je vu Dieu diriger mes pas aujourd'hui ?"

_____

_____

Remerciement: "Merci, Seigneur, pour Ta guidance et Ta sagesse dans ma vie."

Notes de la journée ou pour demain:

_____

_____

Jeudi - Parole comme Guide

Verset: Psaume 119:105 - "Ta parole est une lampe à mes pieds, Et une lumière sur mon sentier."

MERCI DIEU DE ME LAISSER UNE AUTRE JOURNÉE!

Prière: "Seigneur, que Ta Parole soit la lumière qui guide mon chemin. Dans chaque décision et chaque action, que je sois guidé par Tes enseignements et Ta sagesse. Que ma vision soit éclairée par Ta vérité. Amen."

Question de Réflexion/Collaboration avec Dieu: "Comment la Parole de Dieu peut-elle éclairer ma vision aujourd'hui ?"

_____

_____

AVANT D'ALLER AU LIT!

Revue du Soir: "Comment ai-je utilisé la Parole de Dieu comme guide aujourd'hui ?"

_____

_____

Remerciement: "Merci, Père, pour Ta Parole qui éclaire mon chemin."

Notes de la journée ou pour demain:

_____

_____

Vendredi - Conseils et Plans

Verset: Proverbes 15:22 - "Les projets échouent, faute de conseil, Mais ils réussissent grâce à de nombreux conseillers."

MERCI DIEU DE ME LAISSER UNE AUTRE JOURNÉE!

Prière: "Père, dans l'élaboration de mes plans, je recherche la sagesse des conseils. Aide-moi à écouter et à apprendre des autres, en intégrant leurs perspectives dans ma vision. Que mes plans soient solidifiés et enrichis par la diversité des opinions. Amen."

Question de Réflexion/Collaboration avec Dieu: "Comment puis-je intégrer les conseils sages dans la poursuite de ma vision?"

_____

_____

AVANT D'ALLER AU LIT!

Revue du Soir: "De quelle manière ai-je utilisé les conseils pour affiner mes plans aujourd'hui ?"

_____

_____

Remerciement: "Merci, Seigneur, pour la richesse des conseils et la sagesse collective."

Notes de la journée ou pour demain:

_____

_____

Samedi - Direction Divine

Verset: Psaume 32:8 - "Je t'instruirai et te montrerai la voie que tu dois suivre; Je te conseillerai, j'aurai le regard sur toi."

MERCI DIEU DE ME LAISSER UNE AUTRE JOURNÉE!

Prière: "Seigneur, je me fie à Ta promesse de m'instruire et de me guider. Dans la poursuite de ma vision, que je sois attentif à Tes conseils et sensible à Ta direction. Que je marche avec assurance, sachant que Tu as le regard sur moi. Amen."

Question de Réflexion/Collaboration avec Dieu: "Comment puis-je rester ouvert à la direction et aux instructions de Dieu ?"

_____

_____

AVANT D'ALLER AU LIT!

Revue du Soir: "Comment ai-je perçu la direction et les conseils de Dieu dans ma journée ?"

_____

_____

Remerciement: "Merci, Père, pour Ta présence constante et Ta direction dans ma vie."

Notes de la journée ou pour demain:

_____

_____

Semaine 6 (dimanche 6): Planification et Préparation

Verset: Luc 14:28-30 - "Car, lequel de vous, voulant bâtir une tour, ne s'assied d'abord pour calculer la dépense et voir s'il a de quoi la terminer, de peur qu'après avoir posé les fondements, il ne soit pas en mesure de l'achever, et que tous ceux qui le verront ne se mettent à se moquer de lui, en disant: 'Cet homme a commencé à bâtir, et il n'a pu achever'?"

Question de Réflexion: "Quels sont mes plans et préparations clés pour la prochaine semaine?"

_____

_____

Question à Dieu: "Quelle sagesse et quelles ressources ai-je besoin de demander à Dieu pour ma planification et ma préparation?"

_____

_____

Prière de Gratitude: "Seigneur, merci pour la sagesse et la clarté que Tu m'apportes dans ma planification. Je suis reconnaissant pour les ressources et les opportunités que Tu places sur mon chemin. Guide-moi dans la construction de mes projets. Amen."

Notes de la semaine à venir:

_____

_____

Dimanche - Comprendre la Valeur du Temps

Verset: Psaume 90:12 - "Enseigne-nous à bien compter nos jours, Afin que nous appliquions notre cœur à la sagesse."

MERCI DIEU DE ME LAISSER UNE AUTRE JOURNÉE!

Prière: "Père éternel, aide-moi à comprendre et à valoriser chaque jour que Tu me donnes. Que je sois conscient de la brièveté de la vie et utilise mon temps sagement. Guide-moi pour appliquer mon cœur à la sagesse, à la planification et à la préparation qui honorent Ton nom. Amen."

Question de Réflexion/Collaboration avec Dieu: "Comment puis-je utiliser mon temps aujourd'hui de manière sage et productive ?"

_____

_____

AVANT D'ALLER AU LIT!

Revue du Soir: "Comment ai-je appliqué la sagesse dans l'utilisation de mon temps aujourd'hui ?"

_____

_____

Remerciement: "Merci, Seigneur, pour la précieuse ressource du temps et pour la sagesse de l'utiliser judicieusement."

Notes de la journée ou pour demain:

_____

_____

Lundi - Diligence et Planification

Verset: Proverbes 21:5 - "Les projets de l'assidu ne mènent qu'à l'abondance, Mais tout homme hâtif ne court qu'à la disette."

MERCI DIEU DE ME LAISSER UNE AUTRE JOURNÉE!

Prière: "Seigneur, inspire-moi à être diligent et réfléchi dans ma planification. Que mes efforts soient guidés par la prudence pour aboutir à l'abondance. Éloigne-moi de la précipitation et guide-moi vers des actions réfléchies et efficaces. Amen."

Question de Réflexion/Collaboration avec Dieu: "Comment puis-je pratiquer la diligence dans ma planification aujourd'hui ?"

_____

_____

AVANT D'ALLER AU LIT!

Revue du Soir: "De quelle manière ai-je fait preuve de diligence dans mes actions et mes planifications aujourd'hui ?"

_____

_____

Remerciement: "Merci, Père, pour la sagesse qui guide mes projets vers l'abondance."

Notes de la journée ou pour demain:

_____

_____

Mardi - Accomplissement des Plans

Verset: Psaume 20:4 - "Qu'il te donne ce que ton cœur désire, Et qu'il accomplisse tous tes desseins!"

MERCI DIEU DE ME LAISSER UNE AUTRE JOURNÉE!

Prière: "Seigneur, Tu connais les désirs de mon cœur et mes plans. Aide-moi à aligner mes désirs avec Ta volonté. Que chaque étape que je prends soit guidée par Ta main et conduise à l'accomplissement de Tes desseins dans ma vie. Amen."

Question de Réflexion/Collaboration avec Dieu: "Comment mes désirs et mes plans peuvent-ils s'aligner avec la volonté de Dieu aujourd'hui ?"

_____

_____

AVANT D'ALLER AU LIT!

Revue du Soir: "Comment ai-je travaillé vers l'accomplissement de mes plans avec la bénédiction de Dieu aujourd'hui ?"

_____

_____

Remerciement: "Merci, Dieu, pour Ton soutien dans la réalisation de mes plans."

Notes de la journée ou pour demain:

_____

_____

Mercredi - Préparation Avant l'Action

Verset: Proverbes 24:27 - "Prépare ton ouvrage au-dehors, Et dispose-le dans tes champs; Puis, après, bâtis ta maison."

MERCI DIEU DE ME LAISSER UNE AUTRE JOURNÉE!

Prière: "Père, guide-moi dans la préparation méthodique de mes projets. Que je sois minutieux et organisé dans mes préparatifs, assurant un fondement solide avant d'entreprendre de grands projets. Aide-moi à bâtir avec sagesse et prévoyance. Amen."

Question de Réflexion/Collaboration avec Dieu: "Quels préparatifs essentiels dois-je réaliser aujourd'hui avant de passer à l'action ?"

_____

_____

AVANT D'ALLER AU LIT!

Revue du Soir: "De quelle manière ai-je préparé efficacement le terrain pour mes futures actions aujourd'hui ?"

_____

_____

Remerciement: "Merci, Seigneur, pour la sagesse de la préparation et le succès qu'elle apporte."

Notes de la journée ou pour demain:

_____

_____

Jeudi - Responsabilité et Préparation

Verset: Luc 12:48 - "Mais celui à qui l'on a beaucoup donné, on demandera beaucoup; et à qui l'on a beaucoup confié, on exigera davantage."

MERCI DIEU DE ME LAISSER UNE AUTRE JOURNÉE!

Prière: "Seigneur, je reconnais la grande responsabilité qui m'est confiée. Aide-moi à me préparer adéquatement et à gérer avec sagesse et intégrité tout ce que Tu m'as confié. Que je sois fidèle dans la gestion de mes ressources et talents. Amen."

Question de Réflexion/Collaboration avec Dieu: "Comment puis-je répondre fidèlement aux responsabilités que Dieu m'a confiées ?"

_____

_____

AVANT D'ALLER AU LIT!

Revue du Soir: "Comment ai-je géré mes responsabilités et préparé mes actions aujourd'hui ?"

_____

_____

Remerciement: "Merci, Dieu, pour la confiance que Tu places en moi et pour les opportunités de croissance."

Notes de la journée ou pour demain:

_____

_____

Vendredi - Fondement Divin des Projets

Verset: Psaume 127:1 - "Si l'Éternel ne bâtit la maison, Ceux qui la bâtissent travaillent en vain. Si l'Éternel ne garde la ville, Celui qui la garde veille en vain."

MERCI DIEU DE ME LAISSER UNE AUTRE JOURNÉE!

Prière: "Père, que Tu sois le fondement et le guide de tous mes projets. Je mets ma confiance en Toi pour bâtir et protéger ce que j'entreprends. Que mes efforts soient alignés avec Ta volonté et conduits par Ta main. Amen."

Question de Réflexion/Collaboration avec Dieu: "Comment puis-je m'assurer que mes projets sont fondés sur les principes et la guidance de Dieu ?"

_____

_____

AVANT D'ALLER AU LIT!

Revue du Soir: "De quelle manière ai-je intégré Dieu dans la fondation et la progression de mes projets aujourd'hui ?"

_____

_____

Remerciement: "Merci, Seigneur, pour Ta direction et Ta protection dans mes entreprises."

Notes de la journée ou pour demain:

_____

_____

Samedi - Confier ses Projets à Dieu

Verset: Proverbes 16:3 - "Recommande à l'Éternel tes œuvres, Et tes projets réussiront."

MERCI DIEU DE ME LAISSER UNE AUTRE JOURNÉE!

Prière: "Seigneur, je Te confie tous mes projets et mes plans. Dirige mes pensées et mes actions pour que mes entreprises reflètent Ta gloire et s'accomplissent selon Ta volonté. Que chaque pas que je prends soit marqué par Ta bénédiction. Amen."

Question de Réflexion/Collaboration avec Dieu: "De quelle manière puis-je consacrer chaque aspect de mes projets à Dieu ?"

_____

_____

AVANT D'ALLER AU LIT!

Revue du Soir: "Comment ai-je vu Dieu œuvrer dans la réalisation de mes projets aujourd'hui ?"

_____

_____

Remerciement: "Merci, Père, pour la promesse de réussite lorsque je place mes projets entre Tes mains."

Notes de la journée ou pour demain:

_____

_____

Semaine 7 (dimanche 7) : Pouvoir de la Parole

Verset: Hébreux 4:12 - "Car la parole de Dieu est vivante et efficace, plus tranchante qu'aucune épée à deux tranchants, pénétrante jusqu'à partager âme et esprit, jointures et moelles; elle juge les sentiments et les pensées du cœur."

Question de Réflexion: "Comment puis-je mieux comprendre et appliquer le pouvoir de la Parole de Dieu dans ma vie durant la prochaine semaine?"

_____

_____

Question à Dieu: "Quels aspects de Ta Parole souhaiterais-je que Dieu éclaire pour moi durant cette période ?"

_____

_____

Prière de Gratitude: "Seigneur, merci pour Ta Parole vivante et puissante qui guide et illumine mon chemin. Aide-moi à l'appliquer de manière efficace et sage dans ma vie. Que je sois transformé et renouvelé par sa vérité. Amen."

Notes de la semaine à venir:

_____

_____

PS: je ne sais pas si tu avais vu mon livre qui pourrait t'intéresser "Pourquoi 1000X est plus FACILE que 10X & SIMPLE que 2X!" AMAZON!

LAISSE tes amis
scanner ceci

Dimanche - Paroles de Guérison

Verset: Proverbes 12:18 - "Il est tel qui parle légèrement comme en piquant de l'épée, Mais la langue des sages est un remède."

MERCI DIEU DE ME LAISSER UNE AUTRE JOURNÉE!

Prière: "Seigneur, que mes paroles soient un remède et non une épée. Aide-moi à parler avec douceur et sagesse, apportant guérison et confort à ceux qui m'entourent. Que ma langue reflète Ta compassion et Ta grâce. Amen."

Question de Réflexion/Collaboration avec Dieu: "Comment mes paroles peuvent-elles apporter guérison et réconfort aux autres aujourd'hui ?"

_____

_____

AVANT D'ALLER AU LIT!

Revue du Soir: "De quelle manière ai-je utilisé mes paroles pour encourager et soutenir les autres aujourd'hui ?"

_____

_____

Remerciement: "Merci, Dieu, pour le don de la parole qui a le pouvoir de guérir et de restaurer."

Notes de la journée ou pour demain:

_____

_____

Lundi - Paroles Agréables

Verset: Psaume 19:14 - "Que les paroles de ma bouche et la méditation de mon cœur Te soient agréables, Ô Éternel, mon rocher et mon rédempteur!"

MERCI DIEU DE ME LAISSER UNE AUTRE JOURNÉE!

Prière: "Seigneur, que mes paroles et mes pensées soient toujours agréables à Tes yeux. Guide-moi pour parler avec sagesse et amour, reflétant Ta bonté en tout ce que je dis et pense. Que je sois un instrument de Ta paix et de Ta vérité. Amen."

Question de Réflexion/Collaboration avec Dieu: "Comment mes paroles et pensées peuvent-elles être un reflet de l'amour et de la sagesse de Dieu aujourd'hui ?"

_____

_____

AVANT D'ALLER AU LIT!

Revue du Soir: "De quelle manière ai-je utilisé mes paroles pour honorer Dieu et bénir les autres aujourd'hui ?"

_____

_____

Remerciement: "Merci, Père, pour la grâce de pouvoir exprimer des paroles et pensées qui Te sont agréables."

Notes de la journée ou pour demain:

_____

_____

Mardi - Vie et Mort dans la Parole

Verset: Proverbes 18:21 - "La mort et la vie sont au pouvoir de la langue; Quiconque l'aime en mangera les fruits."

MERCI DIEU DE ME LAISSER UNE AUTRE JOURNÉE!

Prière: "Seigneur, aide-moi à comprendre le pouvoir immense de mes paroles. Que je choisisse des mots qui apportent la vie et non la mort, qui encouragent et ne découragent pas. Que mes paroles reflètent Ton amour et Ta vérité. Amen."

Question de Réflexion/Collaboration avec Dieu: "De quelle manière mes paroles peuvent-elles être une source de vie et de bénédiction aujourd'hui ?"

———————————————————————————

———————————————————————————

AVANT D'ALLER AU LIT!

Revue du Soir: "Comment ai-je utilisé mes paroles pour influencer positivement les autres aujourd'hui ?"

———————————————————————————

———————————————————————————

Remerciement: "Merci, Dieu, pour le pouvoir de la parole de bénir et de donner la vie."

Notes de la journée ou pour demain:

———————————————————————————

———————————————————————————

Mercredi - Paroles Édifiantes

Verset: Éphésiens 4:29 - "Qu'aucune parole mauvaise ne sorte de votre bouche, mais seulement celle qui est bonne pour l'édification, selon le besoin, afin qu'elle communique une grâce à ceux qui l'entendent."

MERCI DIEU DE ME LAISSER UNE AUTRE JOURNÉE!

Prière: "Père, que mes paroles soient toujours édifiantes et gracieuses. Aide-moi à parler de manière à fortifier les autres, apportant encouragement et sagesse. Que je sois un canal de Ta grâce à travers mes mots. Amen."

Question de Réflexion/Collaboration avec Dieu: "Comment puis-je m'assurer que mes paroles sont constructives et bienveillantes aujourd'hui ?"

_____

_____

AVANT D'ALLER AU LIT!

Revue du Soir: "De quelle façon ai-je utilisé mes paroles pour édifier et encourager les autres aujourd'hui ?"

_____

_____

Remerciement: "Merci, Seigneur, pour la capacité d'utiliser mes paroles pour le bien et pour la bénédiction d'autrui."

Notes de la journée ou pour demain:

_____

_____

Jeudi - Responsabilité des Paroles

Verset: Matthieu 12:36-37 - "Je vous le dis: au jour du jugement, les hommes rendront compte de toute parole vaine qu'ils auront prononcée. Car par tes paroles tu seras justifié, et par tes paroles tu seras condamné."

MERCI DIEU DE ME LAISSER UNE AUTRE JOURNÉE!

Prière: "Seigneur, conscient de la responsabilité de chaque parole prononcée, aide-moi à parler avec sagesse et intégrité. Que je sois prudent et réfléchi, reconnaissant l'impact de mes mots sur moi-même et sur les autres. Amen."

Question de Réflexion/Collaboration avec Dieu: "Comment puis-je être plus attentif à la portée de mes paroles aujourd'hui ?"

_____

_____

AVANT D'ALLER AU LIT!

Revue du Soir: "Dans quels moments ai-je dû être particulièrement conscient de l'impact de mes paroles aujourd'hui?"

_____

_____

Remerciement: "Merci, Père, pour la sagesse de surveiller et de mesurer mes paroles."

Notes de la journée ou pour demain:

_____

_____

Vendredi - Écouter, Parler et Colère

Verset: Jacques 1:19-20 - "Sachez-le, mes frères bien-aimés: que tout homme soit prompt à écouter, lent à parler, lent à se mettre en colère; car la colère de l'homme n'accomplit pas la justice de Dieu."

MERCI DIEU DE ME LAISSER UNE AUTRE JOURNÉE!

Prière: "Seigneur, aide-moi à être attentif et réfléchi dans ma communication. Que je sois rapide à écouter et mesuré dans mes paroles, évitant la colère qui ne mène pas à Ta justice. Que mes interactions reflètent Ta patience et Ta compréhension. Amen."

Question de Réflexion/Collaboration avec Dieu: "Comment puis-je pratiquer l'écoute active et une communication réfléchie aujourd'hui ?"

_____

_____

AVANT D'ALLER AU LIT!

Revue du Soir: "Comment ai-je réussi à être lent à parler et à me mettre en colère aujourd'hui ?"

_____

_____

Remerciement: "Merci, Père, pour l'enseignement de la maîtrise de soi dans la communication."

Notes de la journée ou pour demain:

_____

_____

Samedi -: Garde sur les Paroles

Verset: Psaume 141:3 - "Éternel, mets une garde à ma bouche, Veille sur la porte de mes lèvres!"

MERCI DIEU DE ME LAISSER UNE AUTRE JOURNÉE!

Prière: "Seigneur, je Te demande de surveiller mes paroles. Que ma bouche ne profère que des mots qui Te sont agréables et qui bénissent ceux qui m'entourent. Protège-moi de dire des choses impulsives ou blessantes. Que mes paroles soient un reflet de Ta sagesse et de Ton amour. Amen."

Question de Réflexion/Collaboration avec Dieu: "Comment puis-je m'assurer que mes paroles sont en accord avec les valeurs et l'amour de Dieu aujourd'hui ?"

_____

_____

AVANT D'ALLER AU LIT!

Revue du Soir: "De quelle manière ai-je fait preuve de prudence dans mes paroles aujourd'hui ?"

_____

_____

Remerciement: "Merci, Dieu, pour la sagesse et la retenue que Tu apportes à ma parole."

Notes de la journée ou pour demain:

_____

_____

Semaine 8 (dimanche 8): Persévérance

Verset: Romains 5:3-5 - "Bien plus, nous nous glorifions même dans les tribulations, sachant que la tribulation produit la persévérance, la persévérance la victoire dans l'épreuve, et cette victoire l'espérance; or, l'espérance ne trompe point."

MERCI DIEU DE ME LAISSER UNE AUTRE JOURNÉE!

Question de Réflexion: "Quelles actions concrètes puis-je entreprendre cette semaine pour démontrer ma persévérance ?"

_____

_____

Question à Dieu: "Comment puis-je rester motivé et concentré sur mes objectifs malgré les défis ?"

_____

_____

Prière de Gratitude: "Père, merci pour Ta force et Ta sagesse qui me guident dans ma persévérance. Aide-moi à rester déterminé et résolu dans la poursuite de mes objectifs. Amen."

Notes de la semaine à venir:

_____

_____

Dimanche - Courir pour Gagner

Verset: 1 Corinthiens 9:24 - "Ne savez-vous pas que ceux qui courent dans le stade courent tous, mais un seul remporte le prix? Courez de manière à le remporter."

MERCI DIEU DE ME LAISSER UNE AUTRE JOURNÉE!

Prière: "Seigneur, inspire-moi à courir la course de la vie avec l'intention de gagner. Que chaque effort que je fais soit guidé par Ta sagesse et Ton but. Aide-moi à rester discipliné, concentré et engagé dans la poursuite de Tes plans pour ma vie. Amen."

Question de Réflexion/Collaboration avec Dieu: "Comment puis-je courir la course de cette journée avec l'objectif de remporter le prix céleste ?"

_____

_____

AVANT D'ALLER AU LIT!

Revue du Soir: "De quelle manière ai-je visé l'excellence dans mes actions et ma foi aujourd'hui ?"

_____

_____

Remerciement: "Merci, Père, pour la motivation et l'endurance de courir la course avec persévérance et foi."

Notes de la journée ou pour demain:

_____

_____

Lundi - Récompense de la persévérance

Verset: Jacques 1:12 - "Heureux l'homme qui supporte patiemment la tentation; car, après avoir été éprouvé, il recevra la couronne de vie, que Dieu a promise à ceux qui l'aiment."

MERCI DIEU DE ME LAISSER UNE AUTRE JOURNÉE!

Prière: "Seigneur, aide-moi à endurer patiemment les épreuves et les tentations, sachant que la récompense de Ta promesse m'attend. Que ma foi soit affermie à travers chaque épreuve, et que mon amour pour Toi grandisse. Amen."

Question de Réflexion/Collaboration avec Dieu: "Comment puis-je affronter patiemment et avec foi les tentations et épreuves d'aujourd'hui ?"

_____

_____

AVANT D'ALLER AU LIT!

Revue du Soir: "Comment ai-je persévéré face aux défis rencontrés aujourd'hui ?"

_____

_____

Remerciement: "Merci, Père, pour la promesse de la couronne de vie à ceux qui persévèrent."

Notes de la journée ou pour demain:

_____

_____

Mardi - Ne Pas Se Lasser de Bien Faire

Verset: Galates 6:9 - "Ne nous lassons pas de faire le bien; car nous moissonnerons au temps convenable, si nous ne nous relâchons pas."

MERCI DIEU DE ME LAISSER UNE AUTRE JOURNÉE!

Prière: "Seigneur, renforce-moi pour que je ne me lasse pas de faire le bien. Aide-moi à persévérer dans mes actions justes et charitables, sachant que la récompense viendra en temps voulu. Que mon cœur reste engagé dans le service et l'amour. Amen."

Question de Réflexion/Collaboration avec Dieu: "Comment puis-je maintenir ma motivation à faire le bien malgré les défis ?"

_____

_____

AVANT D'ALLER AU LIT!

Revue du Soir: "De quelle manière ai-je persévéré dans la bonté et le service aujourd'hui ?"

_____

_____

Remerciement: "Merci, Père, pour la force de persévérer dans le bien et pour la promesse de la moisson à venir."

Notes de la journée ou pour demain:

_____

_____

Mercredi - Constamment Faire le Bien

Verset: 2 Thessaloniciens 3:13 - "Pour vous, frères, ne vous lassez pas de faire le bien."

MERCI DIEU DE ME LAISSER UNE AUTRE JOURNÉE!

Prière: "Père, aide-moi à rester diligent dans la pratique du bien, peu importe les circonstances. Que je sois un exemple de Ta constance et de Ta fidélité en poursuivant inlassablement les œuvres de bienfaisance et d'amour. Amen."

Question de Réflexion/Collaboration avec Dieu: "Quelles opportunités ai-je aujourd'hui de continuer à faire le bien autour de moi ?"

_____

_____

Revue du Soir: "Comment ai-je contribué au bien de ceux qui m'entourent aujourd'hui ?"

_____

_____

AVANT D'ALLER AU LIT!

Remerciement: "Merci, Seigneur, pour les occasions quotidiennes de refléter Ta bonté."

Notes de la journée ou pour demain:

_____

_____

Jeudi - Courage et Espérance

Verset: Psaume 31:24 - "Fortifiez-vous et que votre cœur s'affermisse, Vous tous qui espérez en l'Éternel!"

MERCI DIEU DE ME LAISSER UNE AUTRE JOURNÉE!

Prière: "Seigneur, donne-moi la force et le courage de persévérer, surtout dans les moments difficiles. Que mon cœur s'affermisse dans l'espoir que j'ai en Toi. Que je sois un témoignage de Ta force et de Ta fidélité. Amen."

Question de Réflexion/Collaboration avec Dieu: "Comment puis-je renforcer mon cœur et mon esprit pour faire face aux défis d'aujourd'hui ?"

_____

_____

AVANT D'ALLER AU LIT!

Revue du Soir: "Dans quels moments ai-je eu besoin de puiser dans la force et l'espérance que Dieu m'offre ?"

_____

_____

Remerciement: "Merci, Dieu, pour l'espérance et le courage que Tu instilles dans mon cœur."

Notes de la journée ou pour demain:

_____

_____

Vendredi - Persévérance dans l'Espérance

Verset: Romains 12:12 - "Réjouissez-vous en espérance. Soyez patients dans la tribulation. Persévérez dans la prière."

MERCI DIEU DE ME LAISSER UNE AUTRE JOURNÉE!

Prière: "Seigneur, dans mes moments de tribulation, aide-moi à rester joyeux et plein d'espoir. Renforce ma patience et ma persévérance. Que je sois assidu dans la prière, cherchant Ta présence et Ta guidance en tout temps. Amen."

Question de Réflexion/Collaboration avec Dieu: "Comment puis-je rester centré sur l'espérance et la prière face aux défis d'aujourd'hui ?"

_____

_____

AVANT D'ALLER AU LIT!

Revue du Soir: "Comment ai-je pratiqué la patience et trouvé de la joie dans l'espérance aujourd'hui ?"

_____

_____

Remerciement: "Merci, Père, pour la joie et l'espérance qui me soutiennent dans les moments difficiles."

Notes de la journée ou pour demain:

_____

_____

Connais-tu quelqu'un avec un potentiel non exploité et des talents donnés par Dieu?

Ce livre pourrait être la clé pour débloquer leurs véritables capacités.

_____

_____

_____

_____

_____

_____

https://1000xpourleroyaume.com/12-semaines-10xfoi-et-contribution

Partage-le avec eux et aide à illuminer le chemin vers leur croissance spirituelle et personnelle.

Samedi - Course de la Foi

Verset: Hébreux 12:1 - "Nous donc aussi, puisque nous sommes entourés d'une si grande nuée de témoins, débarrassons-nous de tout fardeau, et du péché qui nous enveloppe si aisément, et courons avec persévérance la course qui est devant nous."

MERCI DIEU DE ME LAISSER UNE AUTRE JOURNÉE!

Prière: "Père, alors que je cours la course de la foi, aide-moi à me libérer de tout ce qui m'entrave. Que je reste concentré et déterminé, avançant avec persévérance vers l'objectif que Tu as fixé pour moi. Amen."

Question de Réflexion/Collaboration avec Dieu: "Quels fardeaux dois-je abandonner pour courir plus efficacement la course de la foi ?"

_____

_____

AVANT D'ALLER AU LIT!

Revue du Soir: "Comment ai-je avancé dans ma course spirituelle aujourd'hui ?"

_____

_____

Remerciement: "Merci, Seigneur, pour la force et la détermination de suivre le chemin que Tu as tracé pour moi."

Notes de la journée ou pour demain:

_____

_____

Semaine 9-12 (samedi 9): Leadership et Influence

Verset: Philippiens 2:3) -"Ne faites rien par esprit de parti ou par vaine gloire, mais que l'humilité vous fasse regarder les autres comme étant au-dessus de vous-mêmes."

Question de Réflexion: "Comment puis-je utiliser mes compétences de leadership pour influencer positivement mon entourage et refléter les valeurs chrétiennes dans mes actions quotidiennes?"

Question à Dieu: "Seigneur, comment puis-je mieux servir et guider les autres tout en restant fidèle à Tes enseignements et à Tes voies?"

Prière de Gratitude: "Père céleste, je te remercie pour les opportunités de croissance et de leadership que Tu as placées sur mon chemin. Merci de me guider et de me donner la sagesse pour influencer les autres avec amour, humilité et intégrité. Aide-moi à être un reflet de Ta lumière dans ce monde. Amen."

Quel est ta plus grande réalisation durant les 4 dernières semaines? (je t'invite à la partager sur les médias sociaux en me taguant @KarlRoussel)

Notes pour les prochains 4 semaines:

Semaine 9 (dimanche 9): Leadership Serviteur

Verset: Marc 10:45 - "Car le Fils de l'homme est venu, non pour être servi, mais pour servir, et donner sa vie en rançon pour plusieurs."

Question de Réflexion: "Quelles actions concrètes puis-je entreprendre cette semaine pour servir les autres dans mon rôle de leader ?"

_____

_____

Question à Dieu: "Comment puis-je mettre en pratique l'humilité et l'altruisme dans mon leadership cette semaine ?"

_____

_____

Prière de Gratitude: "Père, merci de me guider pour être un leader qui sert avec amour et humilité. Inspire mes actions et mes paroles pour qu'elles reflètent Ton amour serviteur. Amen."

Notes de la semaine à venir:

_____

_____

Dimanche - Leadership Doux et Instruit

Verset: 2 Timothée 2:24 - "Or, un serviteur du Seigneur ne doit pas être querelleur, mais être doux envers tous, propre à enseigner, patient."

MERCI DIEU DE ME LAISSER UNE AUTRE JOURNÉE!

Prière: "Seigneur, donne-moi la grâce de diriger avec douceur, d'être apte à enseigner et patient dans toutes mes interactions. Aide-moi à résoudre les conflits avec amour et compréhension, et à guider les autres vers Ta vérité avec sagesse. Amen."

Question de Réflexion/Collaboration avec Dieu: "Comment puis-je démontrer la douceur, la capacité d'enseigner et la patience dans mon leadership aujourd'hui ?"

_____

_____

AVANT D'ALLER AU LIT!

Revue du Soir: "Dans quelles situations ai-je dû faire preuve de patience et de douceur en tant que leader aujourd'hui ?"

_____

_____

Remerciement: "Merci, Père, pour la capacité de diriger avec douceur, patience et amour."

Notes de la journée ou pour demain:

_____

_____

Lundi - Humilité et Altruisme

Verset: Philippiens 2:4 - "Que chacun de vous, au lieu de regarder à ses propres intérêts, regarde aussi à ceux des autres."

MERCI DIEU DE ME LAISSER UNE AUTRE JOURNÉE!

Prière: "Seigneur, aide-moi à pratiquer l'humilité et à prioriser les besoins des autres. Que je sois un leader qui élève et soutient autrui, mettant de côté l'égoïsme et la vanité. Que mon service reflète Ton amour et Ta grâce. Amen."

Question de Réflexion/Collaboration avec Dieu: "Comment puis-je me concentrer sur les besoins et le bien-être des autres aujourd'hui ?"

_____

_____

AVANT D'ALLER AU LIT!

Revue du Soir: "Comment ai-je mis en pratique l'humilité et l'altruisme dans mes interactions aujourd'hui ?"

_____

_____

Remerciement: "Merci, Père, pour l'opportunité de servir les autres avec humilité et amour."

Notes de la journée ou pour demain:

_____

_____

Mardi - Exemple de Service

Verset: Jean 13:14-15 - "Si donc moi, le Seigneur et le Maître, j'ai lavé vos pieds, vous devez aussi vous laver les pieds les uns aux autres. Car je vous ai donné un exemple, afin que vous fassiez comme je vous ai fait."

MERCI DIEU DE ME LAISSER UNE AUTRE JOURNÉE!

Prière: "Seigneur Jésus, inspire-moi à suivre Ton exemple de service humble et dévoué. Que je trouve des manières de servir autrui avec la même compassion et l'humilité que Tu as montrées. Aide-moi à être un leader qui agit avec amour et considération pour les autres. Amen."

Question de Réflexion/Collaboration avec Dieu: "Comment puis-je pratiquer le service humble dans ma vie quotidienne ?"

_____

_____

AVANT D'ALLER AU LIT!

Revue du Soir: "Dans quelles situations ai-je pu servir les autres de manière humble et désintéressée aujourd'hui ?"

_____

_____

Remerciement: "Merci, Seigneur, pour l'exemple parfait de service que Tu as établi."

Notes de la journée ou pour demain:

_____

_____

Mercredi - Leadership par l'Exemple

Verset: 1 Pierre 5:2-3 - "Paissez le troupeau de Dieu qui est sous votre garde, non par contrainte, mais volontairement, selon Dieu; non pour un gain honteux, mais avec dévouement; non comme dominant sur ceux qui vous sont échus en partage, mais en étant des modèles pour le troupeau."

MERCI DIEU DE ME LAISSER UNE AUTRE JOURNÉE!

Prière: "Père céleste, aide-moi à guider et à prendre soin de ceux sous ma responsabilité avec amour et dévouement. Que je dirige non par contrainte ou pour un gain personnel, mais dans un esprit de service et en étant un modèle de Ta bonté et de Ta grâce. Amen."

Question de Réflexion/Collaboration avec Dieu: "Comment puis-je être un modèle de leadership serviteur pour ceux que je dirige ?"

_____

_____

AVANT D'ALLER AU LIT!

Revue du Soir: "Comment ai-je exercé un leadership qui reflète le service et le dévouement aujourd'hui ?"

_____

_____

Remerciement: "Merci, Dieu, pour l'opportunité de servir et de diriger selon Ton exemple."

Notes de la journée ou pour demain:

_____

Jeudi - Grandeur dans le Service

Verset: Matthieu 20:26-28 - "Celui qui veut être grand parmi vous, qu'il soit votre serviteur; comme le Fils de l'homme est venu, non pour être servi, mais pour servir, et donner sa vie en rançon pour plusieurs."

MERCI DIEU DE ME LAISSER UNE AUTRE JOURNÉE!

Prière: "Seigneur, que mon désir de grandeur soit trouvé dans le service aux autres. Aide-moi à chercher des occasions de servir plutôt que d'être servi, reflétant Ton amour sacrificiel et Ton humilité. Que ma vie soit un témoignage de Ton service désintéressé. Amen."

Question de Réflexion/Collaboration avec Dieu: "De quelles manières puis-je me consacrer au service des autres pour refléter la grandeur dans le royaume de Dieu ?"

_____

_____

AVANT D'ALLER AU LIT!

Revue du Soir: "Comment ai-je mis en pratique le principe du service envers les autres comme forme de leadership aujourd'hui ?"

_____

_____

Remerciement: "Merci, Père, pour l'enseignement que la vraie grandeur se trouve dans le service humble et aimant."

Notes de la journée ou pour demain:

_____

Vendredi - Diriger avec Intégrité et Sagesse

Verset: Psaume 78:72 - "Il les a conduits avec un cœur intègre, Et les a dirigés avec habileté de ses mains."

MERCI DIEU DE ME LAISSER UNE AUTRE JOURNÉE!

Prière: "Seigneur, inspire-moi à diriger avec un cœur intègre et une grande habileté. Que je sois juste, honnête et sage dans toutes mes décisions. Aide-moi à guider les autres avec compassion et équité, reflétant Ta bonté et Ta justice. Amen."

Question de Réflexion/Collaboration avec Dieu: "Comment puis-je mettre en pratique l'intégrité et la sagesse dans mon rôle de leader aujourd'hui ?"

_____

_____

AVANT D'ALLER AU LIT!

Revue du Soir: "De quelle manière ai-je démontré de l'intégrité et de la compétence dans mon leadership aujourd'hui ?"

_____

_____

Remerciement: "Merci, Père, pour la sagesse et l'intégrité que Tu verses dans mon cœur et mes actions."

Notes de la journée ou pour demain:

_____

_____

Samedi - Servir Plutôt que Dominer

Verset: Luc 22:26-27 - "Mais vous, ce ne sera pas ainsi; mais que le plus grand parmi vous soit comme le plus jeune, et celui qui gouverne comme celui qui sert. Car, lequel est le plus grand, celui qui est à table, ou celui qui sert? N'est-ce pas celui qui est à table? Et moi, je suis au milieu de vous comme celui qui sert."

MERCI DIEU DE ME LAISSER UNE AUTRE JOURNÉE!

Prière: "Seigneur Jésus, aide-moi à adopter une attitude de service dans mon leadership. Que je sois disposé à servir plutôt qu'à dominer, à soutenir plutôt qu'à exiger. Que je suive Ton exemple en étant un serviteur pour tous. Amen."

Question de Réflexion/Collaboration avec Dieu: "De quelles manières concrètes puis-je servir les autres dans mon rôle de leader aujourd'hui ?"

AVANT D'ALLER AU LIT!

Revue du Soir: "Comment ai-je mis en œuvre le service dans mon leadership aujourd'hui ?"

Remerciement: "Merci, Seigneur, pour l'exemple parfait de service que Tu as établi."

Notes de la journée ou pour demain:

Semaine 10 (dimanche 10): Intégrité et Honnêteté

Verset: Proverbes 11:3 - "L'intégrité des hommes droits les dirige, Mais les détours des perfides causent leur ruine."

Question de Réflexion: "Comment puis-je renforcer mon intégrité et ma sincérité dans mes relations et mes actions ?"

_____

_____

Question à Dieu: "Dans quels domaines de ma vie dois-je être particulièrement vigilant cette semaine pour maintenir mon intégrité ?"

_____

_____

Prière de Gratitude: "Seigneur, merci de m'inspirer et de me guider pour agir avec honnêteté et intégrité. Que mes actions soient un reflet fidèle de Tes enseignements. Amen."

Notes de la semaine à venir:

_____

_____

PS: je ne sais pas si tu avais vu mon livre qui pourrait t'intéresser "Pourquoi 1000X est plus facile que 10X & SIMPLE que 2X!" Version française et anglaise sur AMAZON!

Dimanche - Intégrité et Confiance

Verset: Psaume 25:21 - "Que l'intégrité et la droiture me préservent, Car j'espère en toi."

MERCI DIEU DE ME LAISSER UNE AUTRE JOURNÉE!

Prière: "Seigneur, que mon espoir en Toi me guide vers une vie d'intégrité et de droiture. Protège-moi des pièges et des erreurs, et aide-moi à vivre de manière à honorer Ton nom. Que je fasse confiance à Ta direction et à Ta protection. Amen."

Question de Réflexion/Collaboration avec Dieu: "Comment l'intégrité et la droiture peuvent-elles me guider dans mes choix et mes actions aujourd'hui ?"

_____

_____

AVANT D'ALLER AU LIT!

Revue du Soir: "De quelle manière ai-je fait preuve d'intégrité et placé ma confiance en Dieu aujourd'hui ?"

_____

_____

Remerciement: "Merci, Dieu, pour la sécurité et la paix que procurent l'intégrité et la confiance en Toi."

Notes de la journée ou pour demain:

_____

_____

Lundi - *Marcher avec Intégrité*

Verset: Proverbes 10:9 - "Celui qui marche dans l'intégrité marche en sécurité, Mais celui qui prend des voies tortueuses sera découvert."

MERCI DIEU DE ME LAISSER UNE AUTRE JOURNÉE!

Prière: "Père, guide-moi à marcher constamment dans l'intégrité. Protège-moi de la tentation de prendre des chemins malhonnêtes. Que ma conduite soit irréprochable et transparente, apportant la paix et la sécurité. Amen."

Question de Réflexion/Collaboration avec Dieu: "Comment puis-je veiller à ce que mes actions d'aujourd'hui soient marquées par une honnêteté et une intégrité inébranlables ?"

_____

_____

AVANT D'ALLER AU LIT!

Revue du Soir: "Comment ai-je fait preuve d'intégrité dans mes actions et décisions aujourd'hui ?"

_____

_____

Remerciement: "Merci, Seigneur, pour la sécurité et la paix que l'intégrité apporte dans ma vie."

Notes de la journée ou pour demain:

_____

_____

Mardi - La Vérité dans les Paroles

Verset: Proverbes 12:22 - "Les lèvres mensongères sont en horreur à l'Éternel, Mais ceux qui agissent fidèlement lui sont agréables."

MERCI DIEU DE ME LAISSER UNE AUTRE JOURNÉE!

Prière: "Seigneur, que mes paroles soient toujours empreintes de vérité et de fidélité. Aide-moi à éviter le mensonge et à parler avec honnêteté, reflétant Ta nature véridique. Que ma communication soit agréable à Tes yeux. Amen."

Question de Réflexion/Collaboration avec Dieu: "Comment puis-je veiller à ce que mes paroles soient sincères et fidèles aujourd'hui ?"

AVANT D'ALLER AU LIT!

Revue du Soir: "Comment ai-je pratiqué l'honnêteté dans mes paroles et interactions aujourd'hui ?"

Remerciement: "Merci, Père, pour le don de la communication sincère et véridique."

Notes de la journée ou pour demain:

Mercredi - S'abandonner au Mensonge

Verset: Éphésiens 4:25 - "C'est pourquoi, renonçant au mensonge, parlez selon la vérité chacun avec son prochain, car nous sommes membres les uns des autres."

MERCI DIEU DE ME LAISSER UNE AUTRE JOURNÉE!

Prière: "Seigneur, aide-moi à renoncer au mensonge et à embrasser la vérité dans toutes mes interactions. Que je me souvienne de notre interconnexion et que mes paroles contribuent à l'unité et à l'harmonie. Amen."

Question de Réflexion/Collaboration avec Dieu: "De quelle manière puis-je pratiquer la vérité dans mes relations aujourd'hui ?"

_____

_____

AVANT D'ALLER AU LIT!

Revue du Soir: "Comment ai-je encouragé l'unité et l'harmonie à travers la vérité aujourd'hui ?"

_____

_____

Remerciement: "Merci, Dieu, pour le lien de vérité et d'unité que nous partageons en tant que membres les uns des autres."

Notes de la journée ou pour demain:

_____

_____

Jeudi - Vivre en Droiture

Verset: Psaume 15:2 - "Celui qui marche dans l'intégrité, qui pratique la justice, Et qui dit la vérité selon son cœur."

MERCI DIEU DE ME LAISSER UNE AUTRE JOURNÉE!

Prière: "Père, que ma vie soit un reflet de Ton intégrité et de Ta justice. Aide-moi à être authentique dans mes actions et à parler la vérité avec amour. Que ma conduite soit un témoignage de Ta droiture. Amen."

Question de Réflexion/Collaboration avec Dieu: "Comment ma vie quotidienne peut-elle être une expression de l'intégrité et de la droiture ?"

_____

_____

AVANT D'ALLER AU LIT!

Revue du Soir: "Dans quelles situations ai-je dû me tenir ferme dans l'intégrité et la droiture aujourd'hui ?"

_____

_____

Remerciement: "Merci, Seigneur, pour les principes de justice et d'intégrité qui guident ma vie."

Notes de la journée ou pour demain:

_____

_____

Vendredi - Regarder Droit Devant Soi

Verset: Proverbes 4:25-27 - "Que tes yeux regardent en face, Et que tes paupières se dirigent droit devant toi. Considère le chemin de tes pieds, Et que toutes tes voies soient bien ordonnées. Ne te détourne ni à droite ni à gauche; Écarte ton pied du mal."

MERCI DIEU DE ME LAISSER UNE AUTRE JOURNÉE!

Prière: "Père, dirige mon regard et mes pas vers la droiture. Aide-moi à rester concentré sur le chemin que Tu as tracé pour moi, évitant les distractions et les tentations. Que je marche avec intégrité et honnêteté dans toutes mes actions. Amen."

Question de Réflexion/Collaboration avec Dieu: "Comment puis-je rester concentré sur un chemin de droiture et d'intégrité aujourd'hui ?"

_____

_____

AVANT D'ALLER AU LIT!

Revue du Soir: "De quelle manière ai-je réussi à garder mes yeux et mes pas alignés sur la voie de l'intégrité ?"

_____

_____

Remerciement: "Merci, Seigneur, pour la clarté et la direction que Tu offres sur le chemin de la vie."

Notes de la journée ou pour demain:

_____

_____

Samedi - Marcher dans l'Intégrité

Verset: Proverbes 20:7 - "Le juste qui marche dans son intégrité, Heureux sont ses enfants après lui!"

MERCI DIEU DE ME LAISSER UNE AUTRE JOURNÉE!

Prière: "Seigneur, que je sois un exemple d'intégrité et de droiture. Aide-moi à vivre de manière à laisser un héritage positif pour les générations futures. Que ma vie soit un reflet de Ta vérité et de Ta justice. Amen."

Question de Réflexion/Collaboration avec Dieu: "Quel héritage d'intégrité suis-je en train de construire pour ceux qui suivent ?"

_____

_____

AVANT D'ALLER AU LIT!

Revue du Soir: "Comment ai-je incarné l'intégrité dans ma vie aujourd'hui, impactant positivement ceux autour de moi ?"

_____

_____

Remerciement: "Merci, Père, pour l'opportunité de laisser un héritage de droiture et d'intégrité."

Notes de la journée ou pour demain:

_____

_____

Semaine 11 (dimanche 11): Influence Positive

Verset: Matthieu 5:13-16 - "Vous êtes le sel de la terre... Vous êtes la lumière du monde... Que votre lumière brille devant les hommes, afin qu'ils voient vos bonnes œuvres et glorifient votre Père qui est dans les cieux."

Question de Réflexion: "De quelle manière puis-je être une influence positive et pour être une lumière pour les autres dans mon environnement cette semaine ?"

_____

_____

Question à Dieu: "Comment puis-je utiliser mes talents et capacités pour impacter positivement ma communauté et mon entourage ?"

_____

_____

Prière de Gratitude: "Seigneur, merci de m'accorder des occasions d'influencer positivement les autres. Aide-moi à utiliser mes dons de manière à servir et à encourager. Amen."

Notes de la semaine à venir:

_____

_____

Dimanche - Lettres de Christ

Verset: 2 Corinthiens 3:2-3 - "Vous êtes notre lettre, écrite dans nos cœurs, connue et lue de tous les hommes. Il est évident que vous êtes une lettre de Christ, produite par notre ministère, écrite non avec de l'encre, mais avec l'Esprit du Dieu vivant, non sur des tables de pierre, mais sur des tables de chair, dans les cœurs."

MERCI DIEU DE ME LAISSER UNE AUTRE JOURNÉE!

Prière: "Seigneur, fais de ma vie une lettre vivante de Christ. Que mon existence témoigne de Ton œuvre en moi. Écris Ta vérité et Ton amour sur mon cœur, et que ma vie soit une preuve de Ta grâce et de Ton salut. Amen."

Question de Réflexion/Collaboration avec Dieu: "Comment ma vie peut-elle être une lettre claire et lisible qui témoigne de l'amour et de la vérité de Christ ?"

AVANT D'ALLER AU LIT!

Revue du Soir: "De quelle manière ai-je été une 'lettre de Christ' dans mes interactions et mon témoignage aujourd'hui ?"

Remerciement: "Merci, Père, de me transformer en une lettre vivante, révélant Ton amour et Ta vérité."

Notes de la journée ou pour demain:

Lundi - Être un Exemple pour les Autres

Verset: 1 Timothée 4:12 - "Que personne ne méprise ta jeunesse, mais sois un exemple pour les croyants, en parole, en conduite, en amour, en foi, en pureté."

MERCI DIEU DE ME LAISSER UNE AUTRE JOURNÉE!

Prière: "Père, aide-moi à être un exemple dans mes paroles et mes actions. Que je montre l'amour, la foi et la pureté dans tout ce que je fais. Que ma vie inspire les autres à Te suivre et à vivre selon Tes principes. Amen."

Question de Réflexion/Collaboration avec Dieu: "De quelle manière puis-je être un modèle de foi et de conduite vertueuse aujourd'hui ?"

_____

_____

AVANT D'ALLER AU LIT!

Revue du Soir: "Comment ai-je été un exemple positif pour les autres aujourd'hui ?"

_____

_____

Remerciement: "Merci, Seigneur, pour l'opportunité d'être un modèle pour les autres dans la foi et l'amour."

Notes de la journée ou pour demain:

_____

_____

Mardi - Influence à Tout Âge

Verset: Psaume 71:18 - "Même quand je serai vieux et gris, ô Dieu, ne m'abandonne pas, jusqu'à ce que j'annonce ta force à cette génération, tes exploits à tous ceux qui viendront."

MERCI DIEU DE ME LAISSER UNE AUTRE JOURNÉE!

Prière: "Seigneur, peu importe mon âge, utilise-moi pour influencer positivement les générations. Que je puisse partager Ta force et Tes merveilles avec les jeunes et les anciens. Aide-moi à transmettre Ta sagesse et Ton amour à travers mes paroles et actions. Amen."

Question de Réflexion/Collaboration avec Dieu: "Comment puis-je partager l'expérience de ma foi avec les autres générations aujourd'hui ?"

_____

_____

AVANT D'ALLER AU LIT!

Revue du Soir: "De quelle manière ai-je partagé mon expérience spirituelle avec les autres aujourd'hui ?"

_____

_____

Remerciement: "Merci, Père, pour la richesse des expériences que je peux partager avec les autres."

Notes de la journée ou pour demain:

_____

_____

Mercredi - Briller comme des Étoiles

Verset: Philippiens 2:15-16 - "Afin que vous soyez irréprochables et purs, des enfants de Dieu sans défaut au milieu d'une génération perverse et corrompue, parmi laquelle vous brillez comme des astres dans le monde, tenant ferme la parole de vie."

MERCI DIEU DE ME LAISSER UNE AUTRE JOURNÉE!

Prière: "Seigneur, aide-moi à vivre de manière irréprochable et pure, brillant comme une étoile dans ce monde. Que ma vie soit un témoignage clair de Ta grâce et de Ta vérité. Aide-moi à tenir fermement Ta parole de vie en toutes circonstances. Amen."

Question de Réflexion/Collaboration avec Dieu: "De quelle manière puis-je refléter la lumière de Christ dans mon environnement actuel ?"

_____

_____

AVANT D'ALLER AU LIT!

Revue du Soir: "Comment ai-je été une lumière dans le monde aujourd'hui ?"

_____

_____

Remerciement: "Merci, Seigneur, pour la possibilité d'illuminer ce monde avec Ta lumière."

Notes de la journée ou pour demain:

_____

_____

Jeudi - Vivre avec Conscience

Verset: 1 Pierre 3:16 - "Ayant une bonne conscience, afin que, là où l'on vous calomnie, ceux qui médisent de votre bonne conduite en Christ soient confondus."

MERCI DIEU DE ME LAISSER UNE AUTRE JOURNÉE!

Prière: "Père, que je vive toujours avec une conscience claire, agissant avec intégrité et vertu. Que ceux qui peuvent douter ou critiquer puissent voir la vérité et la bonté de ma vie en Christ. Aide-moi à être un exemple vivant de Ton amour. Amen."

Question de Réflexion/Collaboration avec Dieu: "Comment puis-je maintenir une conscience claire dans mes interactions aujourd'hui ?"

_____

_____

AVANT D'ALLER AU LIT!

Revue du Soir: "Comment ai-je réagi face aux critiques ou aux malentendus aujourd'hui avec une conscience claire ?"

_____

_____

Remerciement: "Merci, Père, pour la paix qui vient d'une vie vécue avec intégrité et honnêteté."

Notes de la journée ou pour demain:

_____

_____

Vendredi - Sagesse dans les Interactions

Verset: Colossiens 4:5-6 - "Conduisez-vous avec sagesse envers ceux du dehors, saisissant l'occasion. Que votre parole soit toujours accompagnée de grâce, assaisonnée de sel, pour savoir comment vous devez répondre à chacun."

MERCI DIEU DE ME LAISSER UNE AUTRE JOURNÉE!

Prière: "Seigneur, accorde-moi la sagesse dans mes interactions, surtout avec ceux qui ne Te connaissent pas. Que mes paroles soient pleines de grâce et d'attrait, révélant Ta vérité et Ton amour. Aide-moi à saisir chaque occasion pour partager Ta lumière. Amen."

Question de Réflexion/Collaboration avec Dieu: "Comment puis-je utiliser mes paroles pour influencer positivement ceux qui m'entourent aujourd'hui ?"

_____

_____

AVANT D'ALLER AU LIT!

Revue du Soir: "De quelle manière ai-je utilisé la sagesse et la grâce dans mes conversations aujourd'hui ?"

_____

_____

Remerciement: "Merci, Père, pour la capacité d'interagir avec sagesse et grâce."

Notes de la journée ou pour demain:

_____

Samedi - Être la Lumière du Monde

Verset: Matthieu 5:14 - "Vous êtes la lumière du monde. Une ville située sur une montagne ne peut être cachée."

MERCI DIEU DE ME LAISSER UNE AUTRE JOURNÉE!

Prière: "Père, aide-moi à briller comme une lumière dans ce monde. Que je ne cache pas la lumière de Ta présence en moi, mais que je l'illumine pour tous à voir. Que ma vie soit un phare d'espoir, de vérité et d'amour. Amen."

Question de Réflexion/Collaboration avec Dieu: "De quelle manière puis-je être une lumière visible pour le monde aujourd'hui ?"

_____

_____

AVANT D'ALLER AU LIT!

Revue du Soir: "Comment ai-je reflété la lumière de Christ dans mes actions et paroles aujourd'hui ?"

_____

_____

Remerciement: "Merci, Seigneur, pour le privilège et la responsabilité d'être la lumière du monde."

Notes de la journée ou pour demain:

_____

_____

Semaine 12 (dimanche 12): Travail d'Équipe

Verset: Ecclésiaste 4:9-12 - "Deux valent mieux qu'un, car ils retirent un bon salaire de leur travail. Car s'ils tombent, l'un relève son compagnon; mais malheur à celui qui est seul et qui tombe sans avoir un second pour le relever!"

Question de Réflexion: "Comment puis-je améliorer ma collaboration et mon travail en équipe dans différents aspects de ma vie ?"

_____

_____

Question à Dieu: "Dans quels domaines de ma vie ai-je besoin de plus de collaboration et comment puis-je être un meilleur coéquipier ?"

_____

_____

Prière de Gratitude: "Seigneur, merci pour la bénédiction du travail d'équipe et de la communauté. Aide-moi à reconnaître la valeur du partage, de l'entraide et de l'unité dans mes efforts. Que je sois un soutien pour les autres et que je sache accepter leur aide en retour. Amen."

Notes de la semaine à venir:

_____

_____

Dimanche - S'aiguiser Mutuellement

Verset: Proverbes 27:17 - "Comme le fer aiguise le fer, ainsi un homme aiguise le visage de son ami."

MERCI DIEU DE ME LAISSER UNE AUTRE JOURNÉE!

Prière: "Seigneur, que nos interactions dans le travail d'équipe nous aiguillent et nous fortifient mutuellement. Aide-nous à apprendre les uns des autres, à grandir ensemble et à nous encourager mutuellement dans notre marche avec Toi. Amen."

Question de Réflexion/Collaboration avec Dieu: "Comment puis-je contribuer à la croissance et à l'amélioration de mes coéquipiers aujourd'hui ?"

_____

_____

AVANT D'ALLER AU LIT!

Revue du Soir: "De quelle manière ai-je aidé à aiguiser et à renforcer les capacités de mon équipe aujourd'hui ?"

_____

_____

Remerciement: "Merci, Dieu, pour les relations enrichissantes qui stimulent notre croissance et notre amélioration."

Notes de la journée

_____

_____

Lundi - Unis dans la Pensée et l'Objectif

Verset: 1 Corinthiens 1:10 - "Je vous exhorte, frères, par le nom de notre Seigneur Jésus-Christ, à tenir tous le même langage, à ne point avoir de divisions parmi vous, mais à être parfaitement unis dans une même pensée et dans un même avis."

MERCI DIEU DE ME LAISSER UNE AUTRE JOURNÉE!

Prière: "Père, unis-nous dans nos pensées et nos objectifs. Aide-nous à surmonter les divisions et à travailler ensemble pour Ta gloire. Que nous parlions d'une seule voix, reflétant Ton amour et Ta vérité. Amen."

Question de Réflexion/Collaboration avec Dieu: "Comment puis-je contribuer à l'unité et à la cohésion dans mon groupe ou équipe aujourd'hui ?"

AVANT D'ALLER AU LIT!

Revue du Soir: "De quelle manière ai-je favorisé l'unité et évité les divisions aujourd'hui ?"

Remerciement: "Merci, Seigneur, pour le don de l'unité et de la fraternité en Christ."

Notes de la journée ou pour demain:

Mardi - Un Corps, Plusieurs Membres

Verset: Romains 12:4-5 - "Car, de même que dans un seul corps nous avons plusieurs membres, et que tous les membres n'ont pas la même fonction, ainsi nous qui sommes plusieurs, nous formons un seul corps en Christ, et chacun est membre l'un de l'autre."

MERCI DIEU DE ME LAISSER UNE AUTRE JOURNÉE!

Prière: "Seigneur, aide-moi à reconnaître et à apprécier la diversité et l'unicité de chaque membre de mon équipe. Que je travaille en harmonie avec les autres, valorisant leurs contributions uniques. Aide-nous à fonctionner comme un corps uni en Christ. Amen."

Question de Réflexion/Collaboration avec Dieu: "Comment puis-je mieux collaborer et valoriser les talents uniques des membres de mon équipe ?"

AVANT D'ALLER AU LIT!

Revue du Soir: "Comment ai-je contribué à l'harmonie et à la collaboration au sein de mon équipe aujourd'hui ?"

Remerciement: "Merci, Père, pour la diversité et l'unité que nous trouvons en étant membres les uns des autres."

Notes de la journée ou pour demain:

Mercredi - Servir avec nos Dons

Verset: 1 Pierre 4:10 - "Comme de bons intendants de la grâce multiforme de Dieu, que chacun mette au service des autres le don qu'il a reçu."

MERCI DIEU DE ME LAISSER UNE AUTRE JOURNÉE!

Prière: "Père, merci pour les dons uniques que Tu as placés en chacun de nous. Aide-moi à utiliser mes dons pour servir les autres et à encourager mes coéquipiers à faire de même. Que nous soyons tous de bons intendants de Tes grâces. Amen."

Question de Réflexion/Collaboration avec Dieu: "Quels dons puis-je mettre au service de mon équipe pour contribuer efficacement ?"

_____

_____

AVANT D'ALLER AU LIT!

Revue du Soir: "Comment ai-je utilisé mes talents et dons pour aider et servir mon équipe aujourd'hui ?"

_____

_____

Remerciement: "Merci, Seigneur, pour l'opportunité de servir et d'être utile à travers mes dons uniques."

Notes de la journée ou pour demain:

_____

_____

Jeudi - Bénédictions de l'Unité

Verset: Psaume 133:1 - "Voici, oh! qu'il est agréable, qu'il est doux pour des frères de demeurer ensemble!"

MERCI DIEU DE ME LAISSER UNE AUTRE JOURNÉE!

Prière: "Seigneur, que nous trouvions de la joie et de la douceur dans notre unité et notre collaboration. Aide-nous à apprécier le don de la fraternité et à travailler ensemble dans l'amour et l'harmonie. Que notre unité soit une source de bénédiction et d'encouragement. Amen."

Question de Réflexion/Collaboration avec Dieu: "Comment puis-je contribuer à l'atmosphère d'unité et de fraternité dans mon environnement de travail ou ma communauté ?"

_____

_____

AVANT D'ALLER AU LIT!

Revue du Soir: "De quelle manière ai-je expérimenté ou favorisé l'unité au sein de mon équipe aujourd'hui ?"

_____

_____

Remerciement: "Merci, Père, pour la beauté et la force que nous trouvons dans l'unité fraternelle."

Notes de la journée ou pour demain:

_____

_____

Vendredi - Chaque Membre est Essentiel

Verset: 1 Corinthiens 12:14-20 - "Le corps n'est pas un seul membre, mais plusieurs... Dieu a disposé chaque membre dans le corps comme il a voulu... Ainsi, il y a plusieurs membres, et un seul corps."

MERCI DIEU DE ME LAISSER UNE AUTRE JOURNÉE!

Prière: "Seigneur, merci pour la diversité et l'unicité de chaque membre dans le corps de Christ. Aide-moi à reconnaître et à valoriser l'importance de chaque personne dans mon équipe. Que nous travaillions ensemble, comprenant que chacun a un rôle essentiel à jouer. Amen."

Question de Réflexion/Collaboration avec Dieu: "Comment puis-je encourager et valoriser les contributions de chaque membre de mon équipe ?"

AVANT D'ALLER AU LIT!

Revue du Soir: "Comment ai-je reconnu et apprécié la diversité et les talents uniques au sein de mon équipe aujourd'hui ?"

Remerciement: "Merci, Seigneur, pour la sagesse et la beauté de la diversité dans l'unité."

Notes de la journée ou pour demain:

Samedi - Harmonie et Solidarité

Verset: Philippiens 2:1-2 - "S'il y a donc quelque consolation en Christ, s'il y a quelque douceur d'amour, s'il y a quelque communion d'esprit, s'il y a quelque tendresse et quelque compassion, rendez ma joie parfaite, en étant de même sentiment, ayant le même amour, unis en esprit, ayant un même sentiment."

MERCI DIEU DE ME LAISSER UNE AUTRE JOURNÉE!

Prière: "Père, inspire-nous à vivre en harmonie et solidarité les uns avec les autres. Que nous partagions un même amour et un même esprit, travaillant ensemble pour Ta gloire. Remplis nos cœurs de tendresse et de compassion. Amen."

Question de Réflexion/Collaboration avec Dieu: "De quelle manière puis-je promouvoir l'harmonie et la solidarité au sein de mon équipe ou communauté aujourd'hui ?"

AVANT D'ALLER AU LIT!

Revue du Soir: "Comment ai-je contribué à la cohésion et à l'unité de mon groupe aujourd'hui ?"

Remerciement: "Merci, Seigneur, pour la joie que procure l'unité et l'harmonie au sein de la communauté."

Notes de la journée ou pour demain:

Prends le temps de célébrer ton accomplissement et dire merci à DIEU pour son soutien continu durant ces 12 semaines!

Quel est ta plus grande réalisation durant les 4 dernières semaines? (je t'invite à la partager sur les médias sociaux en me taguant @KarlRoussel)

Rejoins le Mouvement sur 1000XPourLeRoyaume.com

Découvre ce qui se passe actuellement dans notre mouvement dynamique sur: *1000XPourLeRoyaume.com*

Nous sommes en pleine action, et ton rôle est crucial. Ensemble, nous pouvons accomplir de grandes choses.

Nous sommes tous une partie du corps de notre sauveur, et chaque talent compte !

Un Cadeau Spécial pour Toi

Pour t'aider à découvrir et à exploiter ton super pouvoir, j'ai préparé un cadeau spécial que tu trouveras à la page suivante.

Passe à l'Action

Prochaine Saison de 12 Semaines : Prépare-toi à plonger dans une nouvelle saison remplie de croissance et d'apprentissage. Choisis ta prochaine saison dans la boutique.

365 Jours de Transformation : Embarque dans une aventure d'un an pour transformer ta vie.

CADEAU gratuit pour toi!

PDF gratuit pour trouver tes talents uniques
https://10xouicestpossible.com/3-steps-super-pouvoir

En effet, nous nous trouvons au seuil d'une grande épopée.

Ce n'est pas une fin, mais un commencement.

C'est le début d'une épopée qui te conduira vers de nouveaux sommets. C'est le début d'une aventure qui changera ta vie et celle de nombreuses autres personnes.

Ne laisse pas ta peur te retenir. Ne laisse pas ton doute t'écraser. Crois en toi. Crois en ton message. Crois en ton potentiel.

Et surtout, agis.

C'est en agissant que tu réaliseras tes rêves.

Je suis impatient de te voir briller. Je suis impatient de te voir réussir. Je suis impatient de te voir réaliser tes rêves.

Maintenant, avec ce livre que tu tiens entre les mains, tu as une meilleure compréhension de ton client idéal.

Ta confiance en toi est renforcée et ton processus est plus clair que jamais.

C'est la prochaine étape qui t'attend.

Peut-être te demandes-tu ce qu'il y a après le livre.

Il existe des formations en ligne que tu peux acheter pour t'aider.

Mais l'objectif est de te pousser à voir quelque chose de plus grand.

Ma philosophie est d'encourager les gens à vivre la vie à laquelle ils sont destinés.

Je suis frustré de voir des personnes vivre en dessous de leur potentiel. Nous avons tous en nous un potentiel immense, une contribution incroyable que nous pouvons apporter.

Je t'invite à t'ouvrir à cela. C'est toi.
Je ne dis pas ça pour flatter ton ego.

Tu devras travailler dur pour y arriver. Même si tu décides de travailler avec nous, d'investir tous tes moyens pour avoir un coach et entrer dans le programme Maxime Propulsion, cela ne servira à rien si tu ne deviens pas la personne que tu dois être.

Je te dis cela parce que je tiens à toi.

Parce que je crois en ton potentiel et que tu as tout ce qu'il faut pour devenir cette personne. Si tu te sens diminué, ce n'est pas moi qui t'ai rabaissé, c'est toi-même.

Je t'encourage à t'élever, à regarder vers le haut. C'est le moment de lever la tête et de foncer avec ton livre, un outil extrêmement puissant.

Grâce à ce livre, tu comprends qui tu es et pourquoi tu devrais être fier de toi. Tu comprends également ton processus et pourquoi tu es la meilleure personne pour le mettre en œuvre.

Nous sommes à un moment incroyable de l'histoire.

L'accès à l'information, la technologie, l'intelligence artificielle, les ressources, tout cela est à notre portée.

Il n'y a jamais eu un meilleur moment pour être un entrepreneur, pour être un auteur, pour partager ton message et apporter une contribution significative.

Si tu crains que l'intelligence artificielle s'empare de tout le travail et de la reconnaissance des humains, laisse-moi te partager une réflexion que j'ai eue lors de ma marche de fin de

journée, il y a quelque temps :
Ce sont les entrepreneurs ayant une grande intelligence émotionnelle qui sauront tirer le maximum de profit de l'intelligence artificielle !

C'est le moment de se concentrer sur ce qui compte le plus : ta vision, ton but, tes rêves.

Tu ne peux plus te cacher derrière des excuses.

Et si tu te sens dépassé, souviens-toi, il n'est pas nécessaire d'avoir toutes les réponses tout de suite.

Il s'agit simplement de faire un pas à la fois.

L'important est de continuer à avancer, à apprendre, à grandir, à évoluer. Il est temps de laisser ton empreinte dans le monde.

Alors, que décides-tu?

Vas-tu laisser cette opportunité passer sans agir?

Vas-tu continuer à te sous-estimer, à te limiter, à te rabaisser?

Ou vas-tu te lever, prendre ta place et devenir le leader que tu es destiné à être?

N'attends pas un moment parfait.
Il n'y a pas de moment parfait.

Il y a seulement maintenant.

C'est le moment d'agir, de prendre le contrôle de ton destin.

C'est le moment de te dépasser, de faire preuve de courage, de détermination et de résilience.

C'est le moment de réaliser que tu es unique, que tu as un message précieux à partager et que tu peux apporter une contribution significative au monde. Alors, saisis cette opportunité.

Utilise ce livre comme un tremplin pour te propulser vers l'avant.

Fais briller ta lumière.

Rappelle-toi toujours que tu es la meilleure personne pour porter ton message.

Personne d'autre que toi ne peut le faire avec autant de passion, d'authenticité et de dévouement.

Sois audacieux. Sois courageux. Sois toi-même.

Je t'encourage à avancer, à croire en toi, à croire en tes rêves. Le monde a besoin de toi.

Le monde a besoin de ta voix.

Parle. Écris. Partage. Inspire.

Parce que :

Tu es assez

Et avec DIEU à tes côtés, même encore plus!

GO va au 1000XPourLeRoyaume.com me pour obtenir PLUS d'impact, de liberté et de FUN dans ton entreprise et ta vie.

Où 1000X rime avec RÉVOLUTION!

Félicitations, tu as complété ta première lecture ! Maintenant, partage cette expérience avec ton réseau.

Prends une photo de toi avec ce livre et partage ce que tu as aimé le plus.

Tu pourrais ainsi inspirer d'autres personnes à créer plus d'impact, de liberté et de FUN dans leur vie.

Quel moment parfait pour faire une première annonce concernant ton propre projet de livre à venir…

Et n'oublie pas de me "tagger" @KarlRoussel pour que je puisse t'encourager dans ta démarche.

MEGA BONUS : Coaching Proximité Un à Un**

Coaching Personnel avec Moi : En tant que MEGA BONUS, je t'offre la chance de bénéficier d'un coaching de proximité en tête-à-tête.

COMMENT y avoir accès sans investir $€? Partage Ta Révélation : Prends une photo avec le livre, écris ta plus grande révélation des dernières 12 semaines grâce à ce guide et TAG moi!

Gagne un Coaching : Chaque mois, une personne aura la chance de gagner une session de coaching de 30 minutes d'une valeur de $2,500US avec moi.

Tu veux m'avoir comme coach ou conférencier? Va au KARLROUSSEL.COM pour prendre rendez-vous!

QUI est Karl Roussel?

Il est temps que les entrepreneurs chrétiens sortent de peur de devoir choisir entre leur FOI et la prospérité ET transforment plus de vies, génèrent plus de revenus et passent au prochain niveau d'abondance.

Mon nom est Karl Roussel MAXIMI\$€UR de CROISSANCE et serviteur de DIEU.

Passionné par les affaires, la vente, Jésus, la relation à l'argent, mais surtout par l'être humain, j'ai toujours aimé discuter de sujets que nous utilisons quotidiennement.

Pourquoi se mettre la tête dans le sable quand on vend tout le temps et qu'on utilise de l'argent chaque jour?

Au cours des dernières années, j'ai fait des progrès rapides dans le domaine de l'entrepreneuriat.

En tant que MAXIMI\$AT€UR de potentiel, conférencier, inspirateur d'achat (closer), et créateur du mouvement MAXIMI\$€ et GO "shoot" pour le million!, je suis déterminé à aider les autres à accomplir plus et à prendre plus de plaisir.

J'ai utilisé une compétence humaine de haut niveau (l'inspiration d'achat) pour prendre le contrôle de ma vie et vendre de manière éthique et humaine.
Maintenant, je veux vous aider à faire de même.

Rejoins-moi les réseaux sociaux !

Je suis content que tu aies choisi de lire ce livre et je suis encore plus excité de continuer cette aventure avec toi au-delà de ces pages.

Pour rester connecté, je t'invite à me rejoindre sur les réseaux sociaux. Tu trouveras non seulement du contenu enrichissant et motivant, mais aussi une communauté d'individus qui, comme toi, sont déterminés à débloquer leur prochain niveau pour plus de liberté, d'impact et de fun !

Facebook : rejoins le groupe Facebook: Les entrepreneurs du Royaume
https://www.facebook.com/groups/mindset.profitable.les.fort unes.confitants

Instagram : Pour des moments de réflexion inspirants, des astuces et des conseils.
https://www.instagram.com/karlroussel/

YouTube : Où tu peux trouver une variété de vidéos de formation et inspirantes pour t'aider à avancer sur ton parcours entrepreneurial.
https://www.youtube.com/karlroussel

TikTok : Pour des moments de motivation rapides, des conseils en temps réel et un aperçu de ma vie quotidienne en tant qu'entrepreneur. @karlroussel

LinkedIn : Pour un contenu plus professionnel et des opportunités de réseautage.
https://www.linkedin.com/in/karl-roussel-7b32b434/

Et enfin, n'oublie pas de t'abonner à mon podcast, **GO "shoot" pour le million!** où je partage tous les jours pendant 7 minutes des histoires et réflexions inspirantes, des interviews et des stratégies pour aider les entrepreneurs comme toi à atteindre le million.
Au plaisir de te retrouver en ligne !

PAS encore ta copie de mon nouveau livre? POURQUOI 1000X est facile et simple?

PREND ta copie en français ou en anglais de mon livre révolutionnaire :

Va maintenant au:

1000XREVOLUTION.COM

LAISSE tes amis scanner ceci

En ce qui concerne les "trois M" (MAXIMI$€R, MULTIPLIER, MOMENTUM) les fondations de 1000X RÉVOLUTION :

MAXIMI$€R :

Inspiré par l'histoire de Samuel dans 1 Samuel 3, où le jeune Samuel entend l'appel de Dieu malgré son jeune âge.

"L'Éternel appela Samuel, qui répondit : 'Me voici !' Il courut vers Éli et dit : 'Me voici, car tu m'as appelé.'

Mais Éli répondit : 'Je n'ai pas appelé ; retourne te coucher.' Samuel alla se coucher. [...]

L'Éternel appela de nouveau Samuel.

Samuel se leva, alla vers Éli et dit : 'Me voici, car tu m'as appelé.' Éli répondit : 'Je n'ai pas appelé, mon fils ; retourne te coucher.' [...]

L'Éternel appela Samuel pour la troisième fois. [...] Éli comprit que c'était l'Éternel qui appelait l'enfant."

Cette histoire illustre l'importance d'assumer l'appel de Dieu et d'utiliser les talents qu'Il a déjà mis dans notre cœur, il nous reste à le MAXIMI$€R en le multipliant avec momentum, peu importe notre âge ou notre situation.

MULTIPLIER :

2 Corinthiens 9:10, "Celui qui fournit de la semence au semeur et du pain pour sa nourriture vous fournira et multipliera votre semence, et augmentera les fruits de votre justice".

Nous soulignons que multiplier nos ressources et nos dons est une extension naturelle de notre foi.

En tant que serviteurs de Christ, nous sommes appelés à étendre l'impact de notre foi et de notre service.

MOMENTUM :

Galates 6:9, "Ne nous lassons pas de faire le bien, car nous moissonnerons au temps convenable si nous ne nous relâchons pas".

Ce verset nous rappelle de ne pas nous lasser de faire le bien, car la persévérance dans la foi et les bonnes œuvres crée un élan spirituel, un momentum, qui nous propulse vers une vie plus riche et plus engagée.

Que ce livre soit un outil pour enrichir ta vie spirituelle de chacun et pour aider ta communauté à croître en foi et en amour pour Dieu et pour les autres.

Avec mes meilleures pensées et prières,

Karl Roussel

Éloge de Pourquoi 1000X et Karl Roussel ?

Karl Roussel, un homme de Dieu doté d'une vision globale, démontre un talent exceptionnel dans le mentorat des individus pour maximiser leur potentiel.

Sa passion pour la croissance spirituelle et sa capacité à inspirer sont vivement évidentes à travers les pages de son guide quotidien.

Patricia Bartell, CEO, Crush It On Stage

Le désir de Karl de vous voir grandir et maximiser votre potentiel inné 1000 fois transparaît dans sa personnalité positive basée sur une foi constante.

Il aime mettre tout le monde au défi de croître de façon exponentielle et vous fournit les étapes suivantes pour en faire une réalité.

Debra Savage Fondatrice de 90 jours de clarté financière

La vision implacable de Karl de voir tout le monde devenir millionnaire est contagieuse, et m'a fait croire que je pouvais vraiment le faire !

Garrett Fromme, PDG, IDC Woodcraft

Le livre de Karl creuse simplement à l'intérieur de ce que la plupart des propriétaires d'entreprises ne font pas assez attention : MAXIM$€ leur potentiel !

Ce mot court et magique est la clé de voûte de la réussite et de l'échec dans tout modèle d'entreprise.

Germano Dealessandri, PDG et expert en gestion de la pollution sonore/résolution de problèmes

Karl a une capacité unique à aider les gens à se vendre et à vendre leurs services ou leurs produits en toute confiance.

Martin Latulippe, conférencier, auteur, Coach et fondateur de l'Académie Zéro Limites

Karl est un véritable maximisateur et ce livre vous aidera à atteindre votre potentiel maximum. Il partage ouvertement ses techniques et l'a fait à de nombreuses reprises.

m'a aussi aidé. Parfois, le plus grand obstacle à la réussite d'une personne est sa façon de voir et de gérer la situation. Karl aide à montrer la bonne voie.

Dev Sethi, PDG de Wealth On Command et lauréat du prix Global Sales Champion

C'est un immense privilège d'avoir pu évoluer personnellement et professionnellement avec un coach qui a le cœur grand comme le monde. Merci Karl Roussel pour tout ce que tu m'as donné et pour tout ce que tu ES !

Dominique Samson, consultante en formation

J'ai travaillé avec Karl dans la même équipe, et sa discipline et sa constance dans la conclusion d'affaires m'ont poussé à progresser rien qu'en le regardant.

Angelo D'Acunto, fondateur de Premium Closer

Karl a un don inné qu'il est difficile d'expliquer ! Tout est possible pour de vrai ! Ayant travaillé avec lui pendant plus d'un an, je peux dire qu'il m'a équipé pour le long terme! Merci Karl.

Karine Labrie, directrice générale de Mdame Kay ; Ici & Maintenant sans filtre INC.

Quand vous pensez être au sommet de vos capacités dans votre entreprise, mais que vous pouvez aller plus loin avec un peu d'aide. C'est ce que le coach Karl Roussel m'a aidé à développer.

Mélanie Drouin, fondatrice de l'Institut d'Esthétique Mélanie Drouin

Karl est un véritable catalyseur de succès.

Avec son état d'esprit d'exécutant, ses solutions rapides comme l'éclair, son approche directe et énergisante, il change absolument la donne pour les coachs qui recherchent une croissance exponentielle.

Sylvia Silvers, PDG, Sylvia Silvers Academy

**LAISSE tes amis
scanner ceci**